Da erschrak Herodes

18 überraschende Weihnachtsspiele
für Gottesdienste und Weihnachtsfeiern

Herausgegeben von
Gerhard Vicktor und Lucia Hitscherich
mit sieben Graphiken von Claudia Bätz-Gabriel

Verlag Ernst Kaufmann, Lahr

CIP-Titelaufnahme der Deutschen Bibliothek

Da erschrak Herodes: 18 überraschende Weihnachtsspiele für
Gottesdienste und Weihnachtsfeiern / hrsg. von Gerhard Vicktor
u. Lucia Hitscherich. — Lahr: Kaufmann, 1989
  ISBN-3-7806-2226-2

1. Auflage 1989
© 1989 Verlag Ernst Kaufmann, Lahr
Alle Rechte vorbehalten · Printed in West Germany
Umschlaggestaltung: JAC unter Verwendung einer Illustration
von Eva Bruchmann
Hergestellt bei Präzis-Druck GmbH, Karlsruhe
ISBN 3-7806-2226-2

Vorwort

„Wir brauchen Weihnachtsspiele, die die Bedeutung der Geburt Jesu Christi in unserer Zeit aktualisieren und die theologische Vielfalt der neutestamentlichen Texte ausloten. Vorlagen in dieser Richtung erwarte ich von der Kindergottesdienstarbeit." Alle Jahre wieder, wie das Fest selbst, hat unser Kollege Dr. Kurt Bätz freundlich und erwartungsvoll, aber bestimmt, dieses Defizit genannt und seinen Anspruch gegenüber der Kindergottesdienstarbeit formuliert.

Einige Jahre stand sein Votum im Raum. Im vergangenen Jahr erst war dann eine konzeptionelle Idee gereift, das Interesse des Verlages geweckt und eine Mitherausgeberin gefunden. Der Initiator allerdings ist inzwischen leider verstorben. Diese Tragik ist uns eine zusätzliche Herausforderung. So wird verständlich, daß die Mitarbeit von Frau Claudia Bätz-Gabriel, der jungen Frau des 1987 nicht lange vor dem Weihnachtsfest verstorbenen Kollegen, uns ein besonderes Anliegen war. Sie bringt ihre Begabung für graphisches und bildhaftes Gestalten in dieses Buch ein. Ihre sieben Graphiken, die den einzelnen Kapiteln vorangestellt sind, eröffnen Zugänge zur Weihnachtsbotschaft, die über Wort und Spiel hinausgehen. Gleichzeitig bieten sie den Praktikern in den Gemeinden zusätzliche Gestaltungshilfen für die Programmhefte der Weihnachtsfeiern und Gottesdienste.

Karlsruhe, im April 1989　　　　　　　　　　　　　　　　Gerhard Vicktor
　　　　　　　　　　　　　　　　　　　　　　　　　　　Lucia Hitscherich

Inhaltsverzeichnis

Aus SICH herausgehen

Einleitung

Weihnachtsspiele zum Aufwachen in die Besinnlichkeit

Der Titel „Da erschrak Herodes" ist nicht, wie man vielleicht auf den ersten Blick denken mag, eine Erfindung der Herausgeber, sondern eine oft, ja allzu oft überlesene Sentenz aus der Weihnachtsperikope des Matthäus (Matthäus 2,3): Herodes und ganz Jerusalem erschraken, als sie von der Geburt eines neuen Königs hörten. Die politische und die religiöse Macht waren verunsichert. Ihr Selbstverständnis, die bisher festgelegten Ordnungen waren in Frage gestellt. Angesagt ist jetzt der Machthaber, der die Macht auf den Kopf stellt: „Er hat Gewaltige vom Thron gestoßen und Niedrige erhöht. Hungrige hat er mit Gütern erfüllt und Reiche leer hinweggeschickt" (Lukas 1, 52 + 53).
Dagegen müssen sich alle wehren, denen die Macht wichtig ist. Die Geburt Jesu wird somit zum Machtbarometer für den politischen, den religiösen und den persönlichen Bereich: Der Mensch muß sich fragen, ob es in seinem Leben, in seinem Denken und seinen sozialen Beziehungen vornehmlich um die Aufrecht- erhaltung und Durchsetzung seiner Interessen zum eigenen Vorteil geht, oder ob er sich eingestehen kann, daß er letztlich sein Leben nicht selbst in der Hand hat, daß er schwach ist und der Hilfe bedarf. Warum sonst kommt Gott selbst als hilfloses Kind zur Welt — ausgerechnet in einer Höhle oder in einem ärmlichen Stall? Das zeigt, daß er sich mit den Schwächsten und Ärmsten verbindet und für sie da ist! Deshalb sind auch die besitz- und rechtlosen Hirten die ersten Gäste, die von den Engeln zum Jesuskind eingeladen werden. — Gott geht in die Tiefe, das ist die Botschaft. Dafür gebührt ihm, der aus der Höhe kommt, Ehre. Mit Weihnachten lädt Gott den Menschen ein, zu seiner eigenen Schwäche zu stehen. Das Zugeständnis seiner Schwachheit erspart dem Menschen große An- strengung. Denn er muß eine Menge Kraft aufwenden, um stärker zu erscheinen, als er in Wirklichkeit ist. Es ist die Absicht dieser Weihnachtsspiele, deutlich zu machen, daß Schwäche zur Stärke werden kann, und der Mensch seine Kräfte nicht an der falschen Stelle investieren soll.
Das Erschrecken, von dem im Titel die Rede ist, soll ein Aufschrecken sein, das zum Nachdenken über sich selbst und zur Besinnung auf sich selbst führt. Ein heilsames Aufwachen inmitten einer von der Gesellschaft alle Jahre wieder her- beigezauberten idyllischen Harmlosigkeit der biblischen Weihnachtsbotschaft. Dieses Buch enthält darum keine Weihnachtsspiele, die den Inhalt der Weihnachtsevangelien nacherzählen bzw. die Traditionen nachspielen, die im Laufe der Kirchengeschichte dem Weihnachtsgeschehen hinzugewachsen sind. Denn die ursprüngliche Aussage einer historischen Botschaft verändert sich, wenn sie in einer anderen Zeit und einer anderen Situation mit den immer gleichen

Worten weitergegeben wird. Soll sie in ihrer Substanz unverändert bleiben, muß sie je nach Zeit und Umstand verändert dargestellt werden. Deshalb werden ja auch in der Predigt biblische Texte immer wieder neu für die jeweiligen Hörer in ihrer Zeit ausgelegt.

Mit anderen Worten, wir wollen kein Museum für Weihnachtsspiele anbieten, sondern die verschiedenen Aussagen der biblischen Weihnachtsüberlieferungen auf sehr unterschiedliche Art und Weise aktuell werden lassen. Unsere Spiele laden zu der Herausforderung ein, sich selbst immer neu die Frage nach dem Sinn des weihnachtlichen Feierns zu stellen. Sie machen Mut, die Aktualität des Weihnachtsgedankens in seiner ganzen Bandbreite neu zu entdecken.

Der Christ wird mit dieser Art Weihnachtsspiele, wie sie hier vorliegen, durchaus auf frischer Tat ertappt werden, wenn er das Feiern der biblischen Überlieferung auf die erträgliche Temperatur einer religiösen Behaglichkeit herunterregulieren möchte. Die Sammlung will helfen, die Weihnachtstexte aus dem gigantischen Rummel herauszureißen. Sie bietet verkündigungsgerechte Vollkornkost anstelle der Süßspeise des Kitsches an. Hoffentlich verhilft sie dazu, die Chance zu ergreifen, in der Geburt des Krippenkindes Gott auf frischer Tat zu ertappen. Dafür lohnt es sich allemal, sich aufschrecken zu lassen, ohne die Besinnlichkeit preiszugeben.

Wie aus Geschichten Spiele werden

„Alle Jahre wieder" kommt angesichts der Feiern und Gottesdienste zu Weihnachten die Frage auf uns zu: Was spielen wir dieses Jahr? Die Notwendigkeit, immer wieder neue Spiele und Stücke finden zu müssen, sollten wir aber nicht so sehr als lästiges Übel empfinden, sondern vielmehr als eine ständige Herausforderung, der wir uns mit Phantasie und Kreativität stellen.

Weihnachtsspiele, die nicht nur das biblische Geschehen nacherzählen oder nachreimen, sind selten auf dem Literaturmarkt. Im Lauf der Jahre allerdings sind eine ganze Menge von *Erzählungen* entstanden, die sich der Herausforderung der neutestamentlichen Botschaft stellen, indem sie sie in aktuelle Situationen hinein interpretieren. Diese Erzählungen werden zuweilen in Gruppen und Gemeindekreisen während der Weihnachtszeit vorgelesen. Aber sie werden wegen ihrer literarischen Form — es sind eben Erzählungen und keine Spiele — nicht für die großen gottesdienstlichen Feiern an Weihnachten genutzt.

Die vorliegende Sammlung unternimmt den Versuch, diesen Schatz zu heben, indem sie Weihnachtsspiele vorstellt, die nach geeigneten Weihnachtserzählungen geschrieben wurden. Damit kommt sie dem Bedürfnis der Gemeinden nach kreativen Angeboten entgegen und eröffnet der Botschaft dieser Geschichten Zugang zu einem größeren Publikum. Darüber hinaus will diese Sammlung dazu anregen, gute Weihnachtsgeschichten selbst zu dramatisieren und sie so für die

Weihnachtsgottesdienste nutzbar zu machen. Ein Blick in die Literaturempfehlungen (siehe Seite 148) setzt die Interessenten auf eine erste gangbare Fährte in dieser Richtung. Hier finden sich eine große Menge und bunte Vielfalt weiterer Texte, aus denen sich Weihnachtsspiele gestalten lassen.

Für das Umarbeiten einer Erzählung zu einem Spiel hat sich die Beachtung folgender Arbeitsschritte als hilfreich erwiesen:
1. Die Erzählung nach Inhalt und Aussageabsicht überprüfen.
2. Den Prosatext auf die Möglichkeit hin untersuchen, ob er sich zu einem dialogischen Geschehen umgestalten läßt:
   — Kommen ausreichend Personen vor?
   — Können Rollen, die sich aus dem inhaltlichen Zusammenhang ableiten lassen, eventuell ergänzt werden?
3. Prüfen, ob die szenische Grundidee auf praktikable Weise in einem Gemeinderaum oder in der Kirche nachvollziehbar ist.
4. Die Struktur der Erzählung beachten: Sind Rückblenden, Zeitabstände und -sprünge im szenischen Spiel genauso deutlich zu machen wie im Erzähltext?
5. Sich fragen, ob inhaltliche Abschnitte der Erzählung, die nicht handlungsorientiert, sondern berichtend oder meditativ verlaufen, durch Sprecher- oder Erzählerrollen aufgegriffen werden können.
6. Die Gliederung für ein Rollenbuch entwerfen. Dazu gehört:
   — die Personen festlegen,
   — Aufteilung in einzelne Szenen,
   — Ausstattung und Kulisse bedenken,
   — die wichtigsten Regieanweisungen eintragen.
7. Aufgrund der in den Punkten 1—6 getroffenen Vorentscheidungen mit Hilfe des Originaltextes einen ersten Spielentwurf am besten auf Kassette aufnehmen.
8. Das Manuskript auf Sprache, Logik des Spielverlaufs, Stichhaltigkeit sowie Vollständigkeit der Regieanweisungen überprüfen.
9. Stilistisch ist besonders darauf zu achten, daß sich gesprochene Sprache lebendiger darstellt als geschriebene. Halbsätze, Ausrufe, in kurze Worte gefaßte emotionale Äußerungen und vor allem überschaubare Satzkonstruktionen sind die wichtigsten Merkmale gesprochenen Textes.

Zum Gebrauch der Sammlung

Jedes Spiel dieser Sammlung nimmt eine wichtige Aussage der Weihnachtsbotschaft auf. Manche Spiele orientieren sich aber auch an biblischen Gedanken, die man nicht auf den ersten Blick der Weihnachtsbotschaft zuordnet. Sie beleuchten das Weihnachtsgeschehen aus anderer Perspektive und erregen so — hoffentlich! — neu die Aufmerksamkeit. Alle biblischen Texte, die den Spielen zugrundeliegen, sind im *Bibelstellenregister* (siehe Seite 147) aufgeführt.

Jedem Spiel ist eine *Informationsrubrik* vorangestellt, deutlich erkennbar durch den in einen Rahmen gesetzten Text. Diese Rubrik gibt über das Thema bzw. den biblischen Kontext des Spieles Auskunft. Darüber hinaus enthält sie Angaben über Rollen und Personen, über Requisiten, Regie und Spielmaterial. Die ungefähre Dauer des Spieles ist angegeben, wobei diese Angabe sehr abhängig ist vom Sprechtempo der Spieler und Spielerinnen und von der Fähigkeit bzw. dem Willen, bestimmte Passagen des Textes mehr oder weniger intensiv auszuspielen.

Die Spiele richten sich von der inhaltlichen wie von der dramaturgischen Intention her an ein zielgruppenübergreifendes Publikum. Kinder ab 5 Jahre, Jugendliche und Erwachsene sollen angesprochen sein. Die eine oder andere anspruchsvolle Textpassage wird sich mehr an Erwachsene richten; die Vielfalt der szenischen Darstellung wird eher Kinder und Jugendliche mit einbeziehen. In sehr vielen Spielen sind Lieder integriert. Das Singen möchte unter anderem die Gemeinschaft zwischen Spielern und Zuschauern zum Ausdruck bringen.

Die Texte sind so ausgewählt, daß sie Mitspielmöglichkeiten für Kinder, Jugendliche und Erwachsene aller Altersstufen bieten. Für kleinere Kinder eignen sich besonders die Rollen ohne Sprechanteil.

Es ist nicht zu übersehen, daß die Spiele vornehmlich männliche Sprecherrollen anbieten. Da die Bereitschaft, in einem Weihnachtsspiel mitzumachen, erfahrungsgemäß bei Mädchen und Frauen stärker ausgeprägt ist, verweisen wir auf die Möglichkeit, männliche Rollen in weibliche umzuschreiben. Das heißt, man sollte nicht nur eine Umbesetzung vornehmen, sondern auch den Inhalt der jeweiligen Texte überprüfen, ob er auch von einer weiblichen Darstellerin gesprochen werden kann. Wo dies nicht der Fall ist, sollte sich der Spielleiter die Freiheit nehmen, die Texte an den entsprechenden Stellen zu ändern. Rollen, die es von vornherein anbieten, weiblich oder männlich besetzt zu werden, sind in den Spielen durch entsprechende Bezeichnungen bereits ausgewiesen.

Thematisch zusammengehörenden Spielen ist eine *Graphik* vorangestellt, die das Thema bzw. die Aussage der jeweiligen Spieltexte mit bildnerischen Mitteln darstellt. Dabei handelt es sich nicht um vordergründige Illustrationen äußerer Wirklichkeit, sondern um symbolhafte Gestaltungen, in die man sich erst hinein-schauen muß, um ihren Sinngehalt zu erschließen. Die dazugehörige Überschrift faßt die zentrale Aussage des folgenden Kapitels zusammen und gibt gleichzeitig dem Betrachter einen Impuls zur Entdeckung der in der Graphik verborgenen inneren Wirklichkeit.

Die Beschäftigung mit dem Bild stellt eine zusätzliche Möglichkeit dar, sich dem Thema des Spieltextes zu nähern und so das gelesene bzw. gesprochene Wort zu ergänzen und zu vertiefen.

Mit Hilfe der Graphik kann man außerdem das Programmheft, das Lied- und Verlaufsblatt für eine weihnachtliche Feier oder einen Gottesdienst gestalten. Der Verlag gibt mit dem Erwerb dieses Buches die Rechte zum Kopieren frei. Auf ein

DIN-A-5-Blatt kopiert läßt das Bild an der oberen und unteren Kante der Seite noch genügend Raum für den Titel der Veranstaltung und für weitere Angaben. Darüber hinaus kann die Graphik als Medium dienen, über den Text bzw. das Thema eine Bildmeditation zu gestalten, wobei entweder die auf das Programmheft kopierte Graphik benützt oder ein Dia hergestellt und an die Wand projeziert wird. Eine solche Betrachtung kann dem Spiel vorausgehen, in das Spiel einbezogen werden oder es zusammenfassen. Eine weitere Möglichkeit wäre, daß ein im Hintergrund an der Wand sichtbares Dia als stummer visueller Impuls das Spiel begleitet.

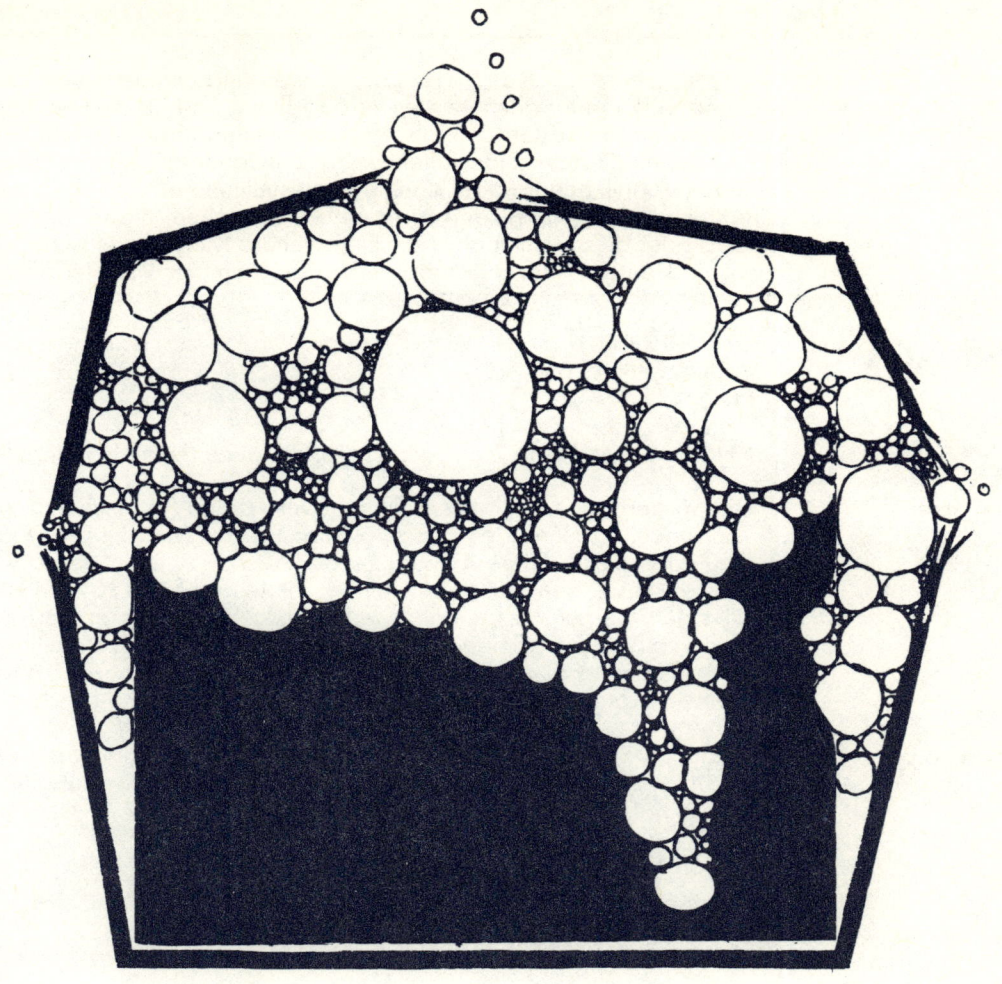

Den Rahmen
sprengen

Bei Erdaufgang

Nach der gleichnamigen Erzählung von Ulf Miehe.
Rechte beim Autor.

Personen:	Pfarrer Helling Raumschiffkapitän Erster Offizier Zwei Männer der Weltraumstation Mitglieder der Besatzung — Männer und Frauen (keine Sprechrollen)
Zum Spiel:	Die Spieler treten am besten alle in Overalls und Sportschuhen auf. Tonbandeinspielung des Liedes „Major Tom" (Musikcassette Neue Deutsche Welle, Folge 4) vorbereiten. Ab der zweiten Szene wird Sternenkulisse benötigt (dunkelblauer Hintergrund mit weißen oder silbernen Sternen, aufgemalt oder aufgeklebt; interessant ist auch eine sich drehende Spiegelflächenkugel, auf die eine Lichtquelle gerichtet ist). Ein kleiner Weihnachtsbaum, ein Metallweihnachtsbaum, ein Rednerpult.
Biblische Bezüge:	Lukas 2,1 ff.; 1. Mose 1,28 und 1. Mose 2,15: Gott kommt zur Welt (nicht allein zur Erde!), für die er dem Menschen Verantwortung übertragen hat.
Ungefähre Spieldauer:	25—30 Minuten

Erste Szene

Der Kapitän und der Pfarrer sitzen in der Kantine des Raumfahrtzentrums und trinken Kaffee. Frauenstimme über Lautsprecher: „Versorgungsschiff Terra IV startet um 15.30 Uhr, Versorgungsschiff Terra IV startet um 15.30 Uhr".

Kapitän:	Sie hören, wir haben nicht mehr viel Zeit. Herr Pfarrer, ich denke, wir können es uns nicht erlauben, noch lange über die Angelegenheit zu diskutieren. Sie können einfach diesen Weihnachtsbaum nicht mitnehmen.
Pfarrer:	Aber warum denn nicht? Wen stört er denn?
Kapitän:	Er stört niemanden. Aber sehen Sie, das ist so: Unsere Versorgungsraumschiffe kommen nur alle drei Monate zu der Mondstation. Und wir transportieren Dinge, auf die die Menschen dort unbedingt angewiesen sind: Frischgemüse, Zeitungen, Filme, die Post. Sie können sich vielleicht nicht richtig vorstellen, was ein Brief, ein einfacher Brief, diesen Männern bedeutet!
Pfarrer:	Aber ich denke, die Leute haben dauernden Funkkontakt zur Erde. Sie können doch ihre Angehörigen über Funk sprechen.
Kapitän:	Das ist, als ob Sie ein Telefongespräch führen, bei dem die ganze Welt mithört. Die ganz persönlichen Mitteilungen, die niemanden außer den Empfänger etwas angehen, die stehen in den Briefen.
Pfarrer:	Das verstehe ich schon. Aber was hat das eigentlich alles mit meinem Weihnachtsbaum zu tun, den ich den Männern dort oben gerne mitbringen möchte?
Kapitän:	Sehr viel! Die Ladung eines Versorgungsraumschiffes ist bis auf das letzte Gramm ausgewogen. Sie haben doch selbst mitbekommen, wie Ihnen vorgeschrieben wurde, welche Kleidung sie tragen müssen.
Pfarrer:	Ich hatte gedacht, so ein Weihnachtsbaum, na ja, der wiegt ja nicht viel.
Kapitän:	Wenn wir den mitnehmen, dann muß etwas anderes hierbleiben. Brennstoff und wissenschaftliches Gerät stehen nicht zur Debatte. Aber wie gesagt, Briefe, Zeitungen und Filme geben den Männern dort das Gefühl, daß sie noch in wirklichem Kontakt mit uns sind. Und das ist ungeheuer wichtig!

Pfarrer:	Daran habe ich nicht gedacht.
Kapitän:	Brauchen Sie denn für die Weihnachtsfeier unbedingt einen Weihnachtsbaum?
Pfarrer:	Das hielt ich bisher immer für selbstverständlich, deshalb habe ich noch nicht darüber nachgedacht.
Kapitän:	Aber jetzt müssen Sie darüber nachdenken.
Pfarrer:	Ein Kunststoffbaum zum Beispiel, der wiegt doch noch weniger als ein echter!
Kapitän:	Ich habe Ihnen doch gesagt, jedes Gramm ist zuviel für uns. Nein, Herr Pfarrer, Ihren Baum kann ich auf keinen Fall mitnehmen!

Zweite Szene

Lied einspielen, Sternenkulisse. Pfarrer, Kapitän und Erster Offizier sitzen auf drei Stühlen im Halbkreis. Das Gespräch beginnt, während die Musik langsam zurückgenommen wird.

Erster Offizier:	Na, Herr Pfarrer, wie fühlen Sie sich so völlig schwerelos?
Pfarrer:	*Gequält.* Wenn ich daran denke, was bei so einem Raumflug alles passieren kann! Ich hätte mir nie träumen lassen, welch eine Kraft der Kampf mit der Erdanziehung kostet. Aber ich habe mich ja freiwillig gemeldet. Und ich bin ausgewählt worden, weil ich jung und widerstandsfähig bin.
Erster Offizier:	Diese Gefühle und Gedanken hat jeder bei einem Weltraumstart.
Pfarrer:	Aber Ihnen beiden ist ja bei aller Anstrengung noch zum Scherzen zumute! Oder war das mehr Galgenhumor?
Erster Offizier:	Zum Scherzen? Wie meinen Sie das?
Pfarrer:	Vorhin beim Start, ich habe genau zugehört, da hat Sie der Kapitän gefragt, ob alle blinden Passagiere von Bord sind. Sie haben geantwortet: Die Affen sitzen im Kühlschrank, Sir!

Kapitän:	*Lacht.* Ach so, Sie meinen diese berühmten beiden Sätze! Dieser Dialog spielt sich vor Antritt eines jeden Weltraumfluges ab, in memoriam sozusagen. Denn mit diesen Worten war die Besatzung der allerersten bemannten Mondrakete gestartet. Und seitdem wiederholen sie alle Besatzungen bei jedem Start.
Erster Offizier:	Aber bis jetzt haben Sie sich ja gut gehalten, Herr Pfarrer. Und wenn Sie Schwierigkeiten haben, nehmen Sie einfach immer wieder einen kräftigen Zug aus dem Sauerstoffgerät.
Kapitän:	Ich glaube, unser Pfarrer hat sich richtig an uns gewöhnt. Schade, daß der Flug schon bald seinem Ende zugeht. Wenn Sie jetzt mal hinausschauen, Herr Pfarrer, erschrecken Sie nicht. Der Mond ist schon greifbar nahe.
Pfarrer:	*Hält suchend die Hand über die Augen.* Und die große Glaskugel, unter der die Menschen alle leben hier auf dem Mond, wo ist die?
Erster Offizier:	Schauen Sie ein bißchen weiter links!
Pfarrer:	Tatsächlich, die ist ja riesig! Ich kann schon Häuser und die Menschen erkennen.
Erster Offizier:	Wir sind stolz darauf, daß auf einem so öden und toten Trabanten sich Menschen zusammenfinden, um neue wissenschaftliche Erkenntnisse zu gewinnen.
Pfarrer:	Ich erinnere mich noch, wie der UNO-Präsident zur Einweihung der Kuppelstadt gesagt hat: Diese schwierige Aufgabe kann nicht von einem Staat oder einer Nation allein gelöst werden.
Kapitän:	Ja ja, aber es ist schon erstaunlich, daß die Menschen erst ihren Planeten verlassen mußten, um zu dieser Gemeinsamkeit zu kommen.
Erster Offizier:	Bitte Gespräche einstellen! Die Landung wird vorbereitet.
	Lied einspielen, allmählich lauter.

Dritte Szene

Im Gemeinschaftsraum der Mondstation. Lied klingt leise aus.

Pfarrer:
: *Blickt unverwandt nach draußen.*
Ich kann mich nicht sattsehen an diesem Sternenmeer. Kein Wolkenschleier verdeckt die Sicht. Selbst den winzigsten Stern erkennt man mit bloßem Auge.

Erster Mann:
: Sie werden es kaum glauben, Herr Pfarrer, aber früher hat man gedacht, daß der Mensch diesen Anblick auf Dauer nicht ertragen könnte.

Zweiter Mann:
: Ja, man hat sogar angenommen, daß die Besatzung eines solches Außenpostens auf dem Mond verrückt würde, wenn sie zu lange diesen Sternenhimmel um sich habe.

Erster Mann:
: Und heute ist es so, ich achte schon gar nicht mehr auf die Sterne.

Kapitän:
: *Zum Pfarrer.*
Ich weiß ja nicht, wie Sie die Feier machen wollen, aber Sie sollten doch wissen, daß die Leute hier …

Pfarrer dreht sich um.

Pfarrer:
: Sie wollen sagen, daß Sie an sentimentalem Geschwätz nicht interessiert sind, nicht wahr?

Kapitän:
: *Zögernd.*   Ja, so ähnlich meinte ich es.

Pfarrer:
: Lieber Kapitän, ich mag hier vielleicht eine recht merkwürdige Figur abgeben, das heißt aber nicht, daß ich so wirklichkeitsfremd bin, wie es uns oft nachgesagt wird.

Kapitän:
: Das wollte ich damit auch gar nicht sagen. Es ist nur so, daß die Leute hier, nun, sozusagen recht offen sind. Sie sagen, was sie denken. Sie sind sehr selbstbewußt. Sie brauchen diese rauhe Schale, wenn sie hier bestehen wollen.

Der Kapitän und der Pfarrer wenden sich der versammelten Mondstationsbesatzung zu. Der Kapitän drückt dem Pfarrer das Mikrofon in die Hand.

Pfarrer:
: Ich komme mir vor wie ein Schlagersänger bei einer wichtigen Vorstellung.

Pfarrer geht mit dem Mikrofon in der Hand durch die Reihen der Besatzungs-mitglieder.

Pfarrer: Ich kann mich einfach noch nicht daran gewöhnen, daß alle Wände, die uns hier umgeben, aus Glas sind. Wenn die Sterne nicht wären, ich würde es nicht merken, so dunkel ist es. – Meine Herrn, ich kann mir vorstellen, daß Ihnen eine Abordnung junger Chormädchen lieber gewesen wäre. Trotzdem begrüße ich Sie herzlich und freue mich, daß ich heute bei Ihnen bin.

Einige Männer lachen.

Erster Mann: Tragen die Mädchen auf der Erde immer noch die Großmuttermode?

Pfarrer: Ich glaube, sie sind inzwischen bei der Steinzeit angelangt, wenn mich meine Geschichtskenntnisse nicht im Stich lassen. Sie tragen viel Leder mit Fellbesatz. Das scheint der letzte Schrei zu sein. Es sieht ganz hübsch aus.

Alle lachen.

Pfarrer: Eigentlich wollte ich Ihnen einen Weihnachtsbaum mitbringen, einen echten oder einen aus Kunststoff. Aber der Herr Kapitän hat es nicht erlaubt.

Aus der hinteren Reihe steht einer auf und trägt einen weihnachtsbaum-ähnlichen Gegenstand nach vorne.

Zweiter Mann: Wir haben ihn aus Metallresten zusammengeschweißt! Schön ist er ja nicht, aber vielleicht geht er als Ersatz.

Pfarrer: Ein Weihnachtsbaum! Ich verstehe die Welt nicht mehr. Ich finde ihn sehr hübsch. Also hatte es auch etwas Gutes, daß der Kapitän mir meinen Weihnachtsbaum weggenommen hat. Jedenfalls ist es wohl das erstemal, daß Weihnachten mit einem Metallbaum gefeiert wird.

Pfarrer stellt sich wieder zum Kapitän vor die Besatzung und hat den Metall-weihnachtsbaum in der Hand.

Pfarrer: Ich bin nicht gekommen, um Ihnen ein nettes kleines Gefühlchen und ein bißchen Feierlichkeit zu vermitteln. Ich bin gekommen, um mit Ihnen zu sprechen. Wer mit mir reden möchte, kann es tun, wann immer er will. Ich verlange nicht von Ihnen, daß Sie alle mit einem Mal als überzeugte Christen auftreten. Ich weiß, daß es nicht so ist.

Vierte Szene

Pfarrer geht ein paar Schritte weiter zu einem Rednerpult und holt ein Manuskript aus der Tasche.

Pfarrer: Ich habe mir auf der Erde Gedanken gemacht, was ich Ihnen zu Weihnachten auf dem Mond sagen möchte. Denken Sie einmal zurück an den Streit zwischen den Theologen, als man Ihre Station hier plante. Sie verwiesen auf die Bibelstelle: Macht euch die Erde untertan. Und sie begründeten damit, daß es nicht recht sei, die Erde zu verlassen. Ich glaube, daß das nur ein scheinbarer Widerspruch ist. Macht euch die Erde untertan, das heißt auch: Erforscht, was ihr erforschen könnt. Doch eine Besiedelung des Mondes oder fremder Planeten paßte nicht in das damalige Weltbild. Zwischen den technischen Erfolgen, besonders in der Raumfahrt, und dem Denkhorizont der Menschen besteht ein direkter Zusammenhang. Jeder neue Erfolg, sei es die Mondstation oder der erste bemannte Flug zum Mars, zwingt die Menschen, sich mit den Erkenntnissen der technischen Erfolge auseinanderzusetzen. Ich halte es für wichtig, daß der menschliche Horizont dadurch erweitert wird. Die Menschen werden gezwungen, alte Denkschablonen aufzugeben. Noch vor wenigen Jahren lachte man jemanden aus, der es für möglich hielt, daß auch andere Sterne als die Erde von intelligenten Wesen bewohnt sein könnten. Die Forschung hat inzwischen bewiesen, daß es einfach so sein muß und daß der Anspruch der Menschen, das einzige intelligente Volk im Universum zu sein, überheblich ist. Wenn ein Kontakt mit fremden Intelligenzen einmal zustande kommen sollte, und ich zweifle nicht im geringsten daran, sollten wir ihnen mit der Summe unserer Erfahrungen entgegenkommen und die alten Fehler nicht wiederholen. Deswegen ist es wichtig, daß sich das Denken der Menschen mit den neuen Erkenntnissen auseinandersetzt. Lesen Sie die Geschichtsbücher! Man hat Menschen bekämpft und getötet, weil sie eine andere Hautfarbe hatten. Oder auch, weil sie einer anderen Nationalität angehörten. Bliebe der menschliche Geist im vorigen Jahrhundert stecken, würden die Menschen fremde Lebewesen schon deshalb bekämpfen, weil sie ihnen fremd erscheinen. Sie aber, die Sie hier arbeiten, helfen mit, diese Vorurteile abzubauen.
Dies wollte ich Ihnen gesagt haben, meine Herren, damit Sie meine Position

kennen und wissen, daß ich eben nicht ein Gefühlchen meine, wenn ich nun einen von Ihnen bitte, uns die Weihnachtsgeschichte zu lesen.

Fünfte Szene

Erster Mann:	*Liest Lukas 2, Vers 1−13a bis Stichwort „himmlische Heerscharen", ohne feierliche Betonung und Pathos.*
Pfarrer:	*Unterbricht den Lesenden.* Entschuldigung, daß ich unterbreche. Aber was ist denn da draußen los? Da, schauen Sie einmal hinaus, der Himmel, der Mondhimmel wird unerklärlich hell und heller!
Erster Offizier:	Ja, Herr Pfarrer, auch daran müssen wir uns gewöhnen. Ein Stern unter Milliarden anderer Sterne wird gleich sichtbar werden: die Erde geht auf.
Erster Mann:	*Liest den im folgenden abgedruckten Text aus der Weihnachtsgeschichte.* „Und alsbald war da bei dem Engel die Menge der himmlischen Heerscharen, sie lobten Gott und sprachen: Ehre sei Gott in der Höhe und Friede auf Erden bei den Menschen seines Wohlgefallens." *Lied „Die Erde ist des Herrn, geliehen ist der Stern", siehe Anhang, Seite 132".*

Thomas und die Taube

Nach der gleichnamigen Erzählung von Rudolf Otto Wiemer.
Aus: Wiemer/Wilkon, „Thomas und die Taube", Patmos Verlag, Düsseldorf.

Personen:	Thomas Bauer Alter Mann Maria Joseph Sechs Pilger(innen) Viele Leute (mindestens zehn) mit Geschenken (keine Sprechrollen)
Zum Spiel:	Der Hirt Thomas braucht einen Hut und einen Stock. Requisiten für Joseph und Maria und eine leere Krippe. Viele große, mit grellem Papier verpackte Weihnachtspakete. Eine kleine Holztaube, Farben, Pinsel, Tisch und Stuhl.
Biblischer Bezug:	Dadurch, daß Gott zur Welt kommt (Lukas 2,1–20) in seinem Sohn Jesus Christus, werden alle Menschen lebendig werden (1. Korinther 15,22).
Ungefähre Spieldauer:	20 Minuten

Erste Szene

Thomas: *Sitzt an einem Tisch und bemalt seine Holztaube; führt ein Selbstgespräch.* Hu, ist das ein kalter Wind. Seit Tagen. Gott sei Dank habe ich meine Schafe rechtzeitig von der Weide in die warmen Ställe gebracht. Jetzt hab ich Zeit zum Malen. Meine Taube ist schon fast fertig.

Hält die Holztaube hoch und betrachtet sie begutachtend.
Erst war sie so braun wie das Holz. Aber sie soll ein weißes Farbenkleid bekommen!

Gibt der Taube andeutungsweise einen Kuß.
Du bist mein Schatz, meine kleine Taube! Jetzt bist du weiß wie der Schnee.

Zweite Szene

1. und 2. Pilger laufen eilig über die Spielfläche, einer zeigt schräg nach oben.

1. Pilger: Schau, jetzt ist er ganz deutlich zu sehen.

2. Pilger: Tatsächlich! Ich hätte es nicht gedacht!

Verlassen die Spielfläche. Thomas schaut irritiert. 3. und 4. Pilger laufen ebenfalls, schräg nach oben zeigend, durch die Spielfläche.

3. Pilger: Wir sind offenbar gar nicht die ersten!

4. Pilger: Andere haben ihn auch schon entdeckt!

Wollen gerade die Spielfläche verlassen, da spricht Thomas sie an.

Thomas: Was ist denn los mit euch? Warum geht ihr denn alle so aufgeregt in diese Richtung?

3. Pilger: Hast du noch nichts von der großen Neuigkeit gehört?

4. Pilger: Sieh doch, der Stern!

Thomas: *Reibt sich die Augen und schaut in die Richtung, in die die Pilger gedeutet haben.*
Wahrhaftig! Ein Stern! — Und hell ist der! So einen hab ich noch nie gesehen. — Was ist das?

3. Pilger:	Der Stern von Bethlehem!
4. Pilger:	Jesus ist geboren! Wir gehen jetzt hin zu ihm.
3. Pilger:	Wir wollen das Jesuskind sehen. Und schenken wollen wir ihm etwas!

Unmittelbar nach dem letzten Wort des Pilgers beginnt der Gesang „Stern über Bethlehem", Vers 2, siehe Anhang, Seite 133.

Dritte Szene

Tisch wurde während des Liedes weggeräumt. Thomas betritt die Spielfläche.

Thomas:	So, meine Schafe habe ich schon versorgt. Es ist noch früh, ich habe den ganzen Tag vor mir.
Bauer:	*Betritt von der anderen Seite die Spielfläche.* Was willst denn du hier? Warum bist du denn nicht bei den Schafen?
Thomas:	Ich habe meine Schafe schon versorgt. Ich möchte heute zu Jesus gehen und ihm etwas schenken.
Bauer:	Was willst du denn dem Jesuskind schenken?!
Thomas:	Ich? Meine kleine weiße Taube. Hier!

Thomas zeigt die bemalte Holztaube.

Bauer:	*Lächelnd.* Willst du dem Jesuskind nicht wenigstens ein weißes Lämmchen schenken? Ich denke, das wäre besser. Darüber würde sich Jesus doch noch viel mehr freuen!
Thomas:	Nein! – Meine Taube ist sehr schön. Und ich habe sie auch sehr lieb.
Bauer:	Die andern Leute sind schon längst unterwegs nach Bethlehem. Es sind Bauern und Schafhirten. Aber es sind auch ganz reiche Leute dabei. Im Gepäck hatten sie kostbare Geschenke aus Gold und Edelstein, aus Samt und Seide. – Du mußt dich beeilen, sonst kommst du noch zu spät. Schau, da kommen schon wieder Leute!

	Bauer verabschiedet sich von Thomas und verläßt die Spielfläche, nicht in Richtung „Bethlehem".

5. Pilger: *Betritt mit großem Geschenkpaket die Spielfläche. Sagt spöttisch zu Thomas:* Willst du etwa auch nach Bethlehem? Und was bringst du mit?

Geht eilend weiter, ohne die Antwort abzuwarten.

Thomas: *Ruft ihm hinterher.* Ich habe eine Taube! — Ist sie nicht schön? Das ist mein Geschenk für Jesus! Er wird sich sehr freuen. Ich habe die Taube selber geschnitzt und bemalt.

6. Pilger: *Betritt mit großem Paket eilig die Spielfläche und lacht laut während der letzten Worte des Thomas.* Was? Eine hölzerne Taube für einen König? Du hast nichts Besseres? Kein Gold? Kein Geld? Nichts Lebendiges? Nicht einmal ein Schaf oder ein Lamm? *Während er die Spielfläche verläßt.* Daß ich nicht lache!

Thomas: *Nachdenklich, mit trauriger Stimme.* Jetzt weiß ich gar nicht mehr, was ich glauben soll. Vielleicht haben die recht. Sie bringen doch alle viel größere Geschenke als ich. Was ist schon ein kleiner geschnitzter Vogel?

Blickt enttäuscht auf die Holztaube in seiner Hand.

Ach, ist das ein Elend!

Alter Mann: *Betritt die Spielfläche, geht auch in Richtung Bethlehem.*

Thomas: He, du da! Du gehst doch sicher auch nach Bethlehem!

Alter Mann: Natürlich. Wohin denn sonst!

Thomas: Und was bringst du dem Jesuskind mit?

Alter Mann: Ich, ich werde Jesus meinen Esel schenken. Ich bin gerade auf dem Weg zu meinem Stall, um ihn zu holen.

Thomas: Und dann? Was machst du dann ohne Esel?

Alter Mann: Ja nun, ich werde dann wohl ohne ihn auskommen. Jesus braucht einen Esel gewiß nötiger als ich. — Und du? Hast du auch ein Geschenk für ihn?

Thomas:	*Zeigt dem alten Mann seine Taube.* Meinst du, daß er sich über so etwas freut?
Alter Mann:	*Nimmt die Taube in die Hand und betrachtet sie genau, macht eine lange Pause.* Aber ja! So eine schöne Taube. Die wird dem Jesuskind gefallen. Bring sie ihm nur!
Thomas:	*Strahlend.* Jetzt bin ich aber froh!
Alter Mann:	*Legt den Arm um Thomas.* Komm, wir gehen noch ein Stück zusammen. *Beide verlassen die Spielfläche in Richtung Bethlehem.*

Vierte Szene

Lied „Stern über Bethlehem", Vers 3. Während des Liedes betreten Maria und Joseph die Spielfläche. Sie bringen die Krippe mit und stapeln neben der Krippe schon einige Geschenkpakete.

Leute mit Geschenken:	*Sie betreten die Spielfläche in einer langen Reihe hintereinander. Erst etwa an achter Position kommt Thomas. Hinter ihm noch drei Leute mit Geschenken. Die Leute vor ihm gehen nacheinander stumm zur Krippe, machen eine Verbeugung und geben ihr Geschenkpaket der Maria bzw. dem Joseph. Die Pakete werden auf die anderen gestapelt. Wer seine Verbeugung gemacht und sein Geschenk abgegeben hat, verläßt die Spielfläche.*
Thomas:	*Zu seinem Nachbarn.* Da vorne in der Krippe liegt das Jesuskind, ja? Siehst du es? Bestimmt ist es in Windeln gewickelt und liegt auf Heu und auf Stroh. *Während die Geschenkleute dem Jesus an der Krippe ihre Aufwartung machen, unterhalten sich Maria und Joseph.*
Maria:	Unser Jesus begreift noch gar nicht, welch kostbare Geschenke die Leute mitbringen.
Joseph:	Natürlich, er ist doch noch so klein. Deshalb geben die Leute ja uns ihre Geschenke.

Maria:	Ich muß mich wundern: Jetzt sind so viele Leute hier, und der Kleine ist überhaupt nicht unruhig!
Joseph:	Er weint nicht, aber lachen tut er auch nicht.
Maria:	Als ob ihn das alles gar nicht berührt!
Joseph:	Du, da scheinen sehr kostbare Geschenke dabei zu sein.
Maria:	Meinst du wirklich?
Thomas:	*Er ist jetzt an der Reihe. Macht eine Verbeugung vor der Krippe und legt ganz langsam und zaghaft seine Taube zu Jesus in die Krippe.*
Maria:	Sieh doch, Joseph, wie Jesus auf einmal strahlt.
Joseph:	Ja! Plötzlich geht ein Leuchten über sein Gesicht!
Maria:	Er streckt seine Hände aus! Ausgerechnet nach der kleinen Taube!
Joseph:	Jetzt lacht er auch!
Maria:	Ich glaube, er will die Taube haben.
Thomas:	*Beugt sich ganz tief über die Krippe.*
Joseph:	Jesus will die kleine Taube nicht mehr hergeben.
Maria:	*Langsam und gespannt.* Doch — jetzt öffnet er — wieder — die Hände. Ganz sachte und vorsichtig.
Joseph:	*Beugt sich halb über die Krippe und starrt fassungslos hinein. Maria schaut erstaunt nach oben.* Wo ist denn die Taube? Ich kann sie überhaupt nicht mehr sehen!
Maria:	Ach, mein lieber Joseph! Du mußt den Blick nach oben richten. Schau! *Zeigt nach oben.* Sie hat Flügel bekommen. Da oben fliegt sie schon. In den Händen von Jesus ist sie lebendig geworden.

Unmittelbar nach dem letzten Wort der Maria schauen die drei Geschenk-leute erstaunt nach oben und lassen fassungslos ihre Pakete zu Boden fallen. Lied „Der Himmel geht über allen auf", siehe Anhang, Seite 134.

Mister Larrybees Leuchtturm

Nach einer gleichnamigen Erzählung von Josef Reding.
Aus: J. Reding, „Kein Platz in kostbaren Krippen", © 1979 Georg Bitter Verlag, Recklinghausen.

Personen:	Mister Larrybee Zwei Matrosen, mit Gepäck Drei Besucher
Zum Spiel:	Ein Sessel, ein Tisch, drei Stühle, eine Laterne, eine große eingepackte Bibel (zum Vorlesen der Weihnachtsgeschichte), zwei Koffer, ein Reiseprospekt, Briefkarten, Notenhefte, Flöte.
Thema:	Sich dem Weihnachtsrummel entziehen.
Ungefähre Spieldauer:	25–30 Minuten

Erste Szene

Mister Larrybee und die zwei Matrosen kommen mit Gepäck in die Stube des Leuchtturms, d. h. auf die Spielfläche.

Mr. Larrybee:	Oh, das ist aber schon angenehm warm hier!
Matrose 1:	Wir haben den Ofen schon vor einer Stunde angemacht.
Matrose 2:	Ja, als wir Ihre beiden Koffer hierher brachten.

Zeigt auf die beiden Koffer, die bereits auf der Spielfläche stehen.

Matrose 1:	Die anderen Dinge, der Teppich und so, die sind schon seit zwei Wochen hier.
Matrose 2:	Genau wie Sie es haben wollten. Alles nach der Skizze aufgestellt.

Holt ein kleines Blatt aus der Tasche und zeigt darauf.

Matrose 1:	Und? Ist es so recht, Mr. Larrybee?
Mr. Larrybee:	Ausgezeichnet! Genau, wie ich es mir vorgestellt habe. Ich denke, hier werde ich mich wohlfühlen.
Matrose 2:	Und Sie wollen wirklich niemanden bei sich haben?
Mr. Larrybee:	Auf keinen Fall! Ich habe ja absichtlich diese Einsamkeit gewählt!
Matrose 1:	Alles selbst machen, kochen und ...?
Mr. Larrybee:	Ja, natürlich.
Matrose 2:	*Zögert, wirkt unsicher.* Na, dann... dann holen wir Sie am Tag nach Neujahr wieder ab..., wie Sie angeordnet haben...
Mr. Larrybee:	Sehr gut!
Matrose 1:	*Zuckt etwas verständnislos mit den Schultern.* Also dann, fröhliche Weihnachten!
Mr. Larrybee:	*Wendet sich dabei bereits seinem Gepäck zu.* Ja, auch euch beiden, fröhliche Weihnachten.

Die beiden Matrosen gehen kopfschüttelnd rückwärts ab.

Zweite Szene

Mr. Larrybee streckt sich ausgiebig. Geht auf seinen Sessel zu und läßt sich mit behaglichem Stöhnen hineinfallen.

Mr. Larrybee: Endlich! Endlich allein!

Mr. Larrybee holt aus seiner Jackentasche einen Briefumschlag, nimmt eine Weihnachtskarte heraus und stellt sie auf den Tisch.

Mr. Larrybee: *Manuskript auf Weihnachtskarte.*
Das ist die einzige Weihnachtskarte, die ich mir in diesem Jahr zumute. Und ich werde sie mir auf diesen Tisch stellen, damit ich mich riesig daran freue. Denn immer wenn ich sie angucke, sagt sie mir: Du wirst in diesem Jahr die anderen 2.999 Weihnachtskarten überhaupt nicht zu Gesicht bekommen. 500 habe ich Jahr für Jahr beantwortet. Und meistens sind es Karten aus der Verwandtschaft. Sie schreiben, daß sie auch noch da wären, und sie erinnern mich daran, daß sie wie jedes Jahr auch in diesem Jahr wieder etwas von meinem Geld gut gebrauchen könnten. Egal, ob mein Neffe Charly oder die alte Freundin Olga oder der Herr Professor von der Universität. Alle schreiben mir zu Weihnachten Bumeranggrüße, jawohl, anders kann ich sie nicht nennen.

Streckt sich noch einmal kräftig.

Dieser ganzen Last habe ich mich dieses Jahr entzogen.

Holt aus einer Aktentasche am Boden einen Reiseprospekt heraus, schlägt ihn auf und fängt an zu lesen; Manuskript jetzt im Reiseprospekt.

Was habe ich mich ansonsten geärgert über diesen Wust von Prospekten jeden Tag. Aber dieser hier ist ein Kleinod. Den werd ich aufheben. Er hat mich von den unliebsamen Weihnachtsfesten erlöst, wie ich sie jedes Jahr erlebte.   *Fängt an vorzulesen.*
„An Weihnachten der Welt den Rücken kehren. Caningham-Immobilien machen es möglich. Ab September zwei Leuchttürme an der Nordküste zu pachten.“

Springt auf.

Das war's dann. Beim Makler angerufen, den Leuchtturm gepachtet, möblieren lassen, kein Radio, kein Telefon. Und jetzt bin ich hier. Draußen feiert die Welt Weihnachten. Mit nur drei kurzen Sätzen habe ich mich in diesem Jahr an all dem weihnachtlichen Treiben beteiligt.

Holt aus seiner Jackentasche eine Weihnachtskarte ohne Umschlag heraus und liest vor.

„Bedauere sehr, nicht persönlich auf Ihre Grüße eingehen zu können. Bin erst Anfang nächsten Jahres wieder im Lande. Wichtige Punkte Ihres Briefes hoffe ich im Laufe der nächsten Monate erledigen zu können. Gezeichnet Timothe Larrybee."

Atmet tief aus.

So! Jetzt können wir dies alles vergessen, jetzt bin ich hier.

Geht an seinen Koffer, packt einige Bücher aus, legt sie auf den Tisch.

Seit Jahren wollte ich diese Bücher lesen. Immer wieder habe ich es mir vorgenommen. Nie bin ich dazugekommen. Jetzt lasse ich mir von Weihnachten die Lesezeit schenken.

Geht noch einmal an den Koffer, entdeckt seine Blockflöte.

Na, und was habe ich denn hier dabei! Meine alte Blockflöte! Sie in die Hand zu nehmen, darf ich mir nur in dieser absoluten Einsamkeit erlauben. Wer weiß, ob ich überhaupt noch einen Ton herausbringe.

Setzt die Blockflöte zusammen, bläst ein paar Mal kräftig hinein, probiert ein paar Töne und spielt dann noch etwas ungeübt das Weihnachtslied „Alle Jahre wieder", siehe Anhang, Seite 135.

Dritte Szene

Mr. Larrybee: Fast 50 Jahre ist das her! Unvorstellbar! Dafür geht's ja noch ganz gut. Moment — Old Larrybee hat an alles gedacht.

Geht noch einmal an den Koffer, sucht etwas und bringt ein Heft mit Weihnachtsnoten hervor.

Wie gesagt, an alles gedacht. Wenn schon, dann spiel ich es auch richtig.

Legt die Noten auf den Tisch, nimmt die Flöte wieder und spielt noch einmal „Alle Jahre wieder".

Na, wer sagt's denn! Was haben wir denn da noch?

Blättert in seinem Notenheft, und spielt das Lied „O du fröhliche", siehe Anhang, Seite 136. Legt die Flöte weg. Nachdenklich.

Gnadenbringende Weihnachtszeit. — Weihnachtszeit, tja, was ist das nun, Weihnachtszeit? Ist sie vielleicht durch die vielen Karten in den letzten Jahren verschüttet worden? Die alten Lieder, sie machen mich immerhin wehmütig. Aber das kann doch wohl auch noch nicht Weihnachten sein!

Will gerade die Flöte wieder ansetzen, da wird er von Stimmen, deren Herkunft noch nicht erkennbar ist, aufgeschreckt.

1. Stimme:	Old Bernhard! Bernhard!
2. Stimme:	Wir sind hier!
3. Stimme:	Frohe Weihnachten!

Mr. Larrybee: *Legt die Hand hinter das Ohr, um herauszubekommen, wo diese Stimmen herkommen; wird unruhig.*
Old Bernhard? Bernhard, so heiß' ich doch gar nicht. Ob das die Matrosen sind? Sie sind zurückgekommen und wollen einen Spaß mit mir machen? Also, das wäre ja der ...

1. Besucher: *Betritt mit der Laterne in der Hand die Spielfläche und fällt ihm ins Wort.*
Old Bernhard! Ein gesegnetes Fest, du bist und bleibst der Beste!

Während der erste Besucher seine Laterne ausmacht und ein Plätzchen für sie sucht, betreten die beiden anderen Besucher den Raum.

2. Besucher: *Die eingepackte Bibel unter dem Arm.*
Na, ist noch frischer heute nacht als im vorigen Jahr. — Doch das macht nichts! *Wir* haben das Buch — *Zeigt es.* Und *du* hast den Grog, alte Haut. Das wird uns ...

3. Besucher:	*Fällt ihm ins Wort.* He, das ist doch gar nicht Old Bernhard!
	Alle drei Besucher gehen erstaunt auf Mr. Larrybee zu.
1. Besucher:	Was ist denn da passiert?
2. Besucher:	Wir haben uns schon gewundert, warum das Leuchtfeuer nicht brennt! Aber wir dachten, daß das Öl knapp ist.
3. Besucher:	Ist etwas mit — mit — Old Bernhard?
Mr. Larrybee:	Ich habe keine Ahnung. Der Turm ist außer Betrieb gesetzt, und ich habe ihn gepachtet.
1. Besucher:	So ist das!
2. Besucher:	Dann ist Old Bernhard sicher bei seinem Sohn!
3. Besucher:	*Erleichtert.* Na, Gott sei Dank! — Das wußten wir nicht. Also, dann werden wir wieder gehen.
	Dreht sich bereits um.
Mr. Larrybee:	Ich lade Sie ein! Bleiben Sie hier zu — *Überlegt einen Moment und sagt dann ganz schnell.* — zu einem Glas Grog! Old Bernhard, der hätte Ihnen gewiß auch einen gegeben, nicht wahr?
1. Besucher:	Tja, das hat er getan. Jedes Jahr. Aber ob Sie, Mister …?
Mr. Larrybee:	Larrybee heiße ich. Timothe Larrybee. Bitte, seien Sie meine Gäste!
2. Besucher:	Jack ist mein Name. Und das ist Zachary, und hier steht Bill.
3. Besucher:	Hat sich alles etwas verändert hier. *Zeigt in die Runde des Raumes.* Aber es ist schön gemütlich.
	Die drei setzen sich auf die Stühle.
2. Besucher:	*Legt das Paket auf seine Knie und will anfangen auszupacken.* Na, dann wollen wir mal!

Mr. Larrybee: *Wendet sich zum Gehen.*
                   Sofort, sofort. Einen kleinen Moment noch, ich glaube, das Wasser ist gleich
                   heiß für den Grog.

1. Besucher: Bleiben Sie da!

                   Mr. Larrybee bleibt stehen und dreht sich um.

                   Das meinte er nicht. Der Grog kommt später!

                   Mr. Larrybee geht langsam zu seinem Sessel und schaut verständnislos.

3. Besucher: Ja, wissen Sie, zuerst kommt immer das andere, wenn wir in diesem Leucht-
                   turm sind.

Vierte Szene

                   *Die Bibel wird vollends ausgepackt, Larrybee nimmt in seinem Sessel Platz
                   und ist erstaunt über das, was aus dem Päckchen herauskommt.*

2. Besucher: *Schlägt die Bibel auf und beginnt zu lesen.*
                   „Es begab sich aber in jenen Tagen, daß vom Kaiser Augustus ein Befehl
                   erging, daß der ganze Erdkreis sich schätzen lassen sollte. Diese Schätzung
                   war die erste und geschah, als Cyrinius Statthalter in Syrien war. Und es
                   machten sich alle auf, um sich einschätzen zu lassen, ein jeder in seine Stadt.
                   Auch Joseph ging von …“

Mr. Larrybee: *Unterbricht den Lesenden.*
                   Bitte, einen Moment, Sie dürfen gleich weiterlesen. Stellen Sie sich vor, ich
                   hatte es vergessen. Ich hatte es über 20 Jahre lang vergessen, dieses Buch,
                   dieses eine Kapitel. Ich habe nicht mehr gewußt, was Weihnachten ist. Die
                   tausend Grußkarten hätten mir nichts antun können, wenn ich es gewußt
                   hätte. Und, wißt ihr was, meine Flucht auf diesen Leuchtturm, sie wäre zu
                   einer Sackgasse geworden ohne euch drei: ohne dich, Jack, mit dem ruhigen
                   Licht deiner Laterne, ohne dich, Bill, mit dem leisen Lächeln und ohne dich,
                   Zachary, mit dem Buch.

                   Mr. Larrybee lehnt sich wieder in seinen Sessel zurück. Es wird weitergelesen.

2. Besucher: „Auch Joseph ging von Galiläa aus der Stadt Nazareth hinauf nach Judäa in die Stadt Davids, welche Bethlehem heißt, weil er aus dem Hause und Geschlechte Davids war, um sich mit Maria, seiner Verlobten, die schwanger war, schätzen zu lassen. Es begab sich aber, während sie dort waren, da vollendeten sich die Tage, daß sie gebären sollte. Und sie gebar ihren ersten Sohn und wickelte ihn in Windeln und legte ihn in eine Krippe, weil sie in der Herberge keinen Platz fanden. Und es waren Hirten in derselben Gegend auf dem Felde, die hielten Nachtwache über ihrer Herde. Da trat ein Engel des Herrn zu ihnen, und der Lichtglanz des Herrn umleuchtete sie, und sie fürchteten sich sehr. Und der Engel sprach zu ihnen: Fürchtet euch nicht! Denn siehe, ich verkündige euch große Freude, die allem Volke widerfahren wird; denn euch ist heute der Heiland geboren, welcher der Christus ist, der Herr …“

Wird wieder unterbrochen.

Mr. Larrybee: *Setzt sich im Sessel wieder aufrecht.*
Entschuldigt bitte! Aber, das ist es. Heute! Das ist es! Ich hatte geglaubt, es sei schon 2000 Jahre her. Darum hatte ich Angst.

Mr. Larrybee lehnt sich wieder in den Sessel zurück.

2. Besucher: *Liest weiter.*
„Und das sei euch das Zeichen: Ihr werdet ein Kind finden, in Windeln gewickelt und in einer Krippe liegend. Und auf einmal war bei dem Engel die Menge des himmlischen Heeres, die lobten Gott und sprachen: Ehre sei Gott in den Höhen und Friede auf Erden und den Menschen ein Wohlgefallen. Und es begab sich, als die Engel von ihnen gen Himmel gefahren waren, da sprachen die Hirten zueinander: Lasset uns doch nach Bethlehem hingehen und diese Sache sehen, die geschehen und die der Herr uns kundgetan hat. Und sie gingen eilends und fanden Maria und Joseph, und das Kind in der Krippe liegend. Als sie es aber gesehen hatten, machten sie das Wort kund, das ihnen über dieses Kind gesagt worden war. Und alle, die es hörten, verwunderten sich über das, was ihnen von den Hirten gesagt wurde. Maria aber behielt alle diese Worte und erwog sie in ihrem Herzen. Und die Hirten kehrten zurück und priesen und lobten Gott für alles, was sie gehört und gesehen hatten.“

Zweiter Besucher schlägt die Bibel zu — alles schweigt.

Mr. Larrybee: Habt ihr jedes Jahr mit Old Bernhard diese Worte gelesen?

1. Besucher: Ja! Dann hatte er wieder Kraft, ein ganzes langes Jahr allein hier zu sein, allein auf diesem Turm.

3. Besucher: Allein mit sich, den winzigen Silhouetten der Schiffe am Horizont, allein mit diesem Buch.

Mr. Larrybee: *Ziemlich leise.*
                  Ein ganzes Jahr — ein ganzes Jahr Kraft. — Bitte bleibt bei mir, solange ihr könnt!
                  Und jetzt, lies bitte noch einmal das, was der Engel zu den Hirten sagt!

2. Besucher: „Fürchtet euch nicht!"

Gemeindelied „Kommet ihr Hirten", siehe Anhang, Seite 137.

Leben ermöglichen

Das Christkind und der Räuber

Nach einer Erzählung von Karl Heinrich Waggerl.
© Otto Müller-Verlag, Salzburg.

Personen	Sprecher(in) Maria Joseph Räuber 3 Stimmen aus dem Gebüsch
Zum Spiel:	Gebraucht wird eine große Staude; man kann sie entweder als Kulisse malen, oder man stellt eine echte große Yucca-Palme auf. Sträucher und Gebüsch können auch von drei bis vier Kindern mit entsprechender Ausstattung gespielt werden. Geeignet für den Räubertanz z. B. Schallplatte: Gheorghe Zamfir et Marcel Cellier, Improvisations pour Flute de Pan et Orgue, Disque Festival, FLD 550, Disques-Office Fribourg/Swiss, Seite 1, Titel 1 und 3 oder Seite 2, Titel 1 und 2.
Biblischer Bezug:	Matthäus 2,1–14: Weihnachtsgeschichte
Ungefähre Spieldauer:	15 Minuten

Erste Szene

Sprecher(in) liest die Weihnachtsgeschichte nach Matthäus 2,1—14.

Zweite Szene

Joseph und Maria; sie hat das Kind im Arm.

Joseph: Es kann nicht mehr weit sein bis Ägypten, Maria.

Maria: Hoffentlich, Joseph! Denn ich bin schrecklich müde.

Joseph: Ruh dich aus. Hier unter dieser Palme. Ich geh derweil den Weg erkunden. Ich bin bald wieder da.   *Joseph geht ab.*

Dritte Szene

Maria sitzt mit dem Wickelkind unter der Palme. Der Räuber tritt auf, führt ein Selbstgespräch.

Räuber: *Rote Strumpfhosen, Leintuch umgewickelt. Dolche im Gürtel, ein Säbel und eine Keule. Kommt auf die Spielfläche gesprungen.*
Ha!!!   *Reißt das Schwert aus der Scheide.*
Ich bin der Herr der ganzen Wüste. Vor mir legt sich das Gras flach, die Palmen zittern, und der stärkste Löwe zieht den Schweif ein.
Zeigt auf seine Dolche.   Hier, sieben Dolche! Jeder so scharf, daß er den Wind durchschneidet. Und mein Säbel!   *Fuchtelt mit ihm in der Luft herum.*
Mein Säbel wird der krumme Tod genannt, und gegen meine Keule hat der stärkste Elefant das Nachsehen. Gegen mich hat noch nie ein Mensch gewonnen. Ich bin der fürchterlichste...

Vierte Szene

Maria: Guten Tag! Seid bitte nicht so laut, er schläft!

Maria zeigt auf das Kind. Der Räuber dreht sich verdutzt in Richtung Maria, die er bisher noch nicht wahrgenommen hat.

Räuber:	*Geht auf Maria zu, den Säbel kampfbereit.* Ich bin der Räuber Horrificus! Ich habe schon tausend Menschen umgebracht...
Maria:	Gott verzeihe dir!
Räuber:	...Laß mich ausreden! *Der Räuber zischt.* Und kleine Kinder wie deines brate ich am Spieß!
Maria:	Ach, ist das schlimm. Aber noch schlimmer ist, daß du lügst!
Gebüsch:	*Kichert eine Weile.*
Räuber:	*Hört das Kichern, springt in die Luft vor Entsetzen.* Wer lacht hier! Noch nie in meinem ganzen Leben hat jemand in meiner Nähe zu lachen gewagt! *Wendet sich wieder Maria zu.* Und ihr, fürchtet ihr mich etwa nicht?
Maria:	Ach, Bruder Horrificus, was bist du für ein lustiger Mann!
Räuber:	*Beugt sich zu Maria hinunter und spricht kleinlaut.* Lustig, sagst du? Als ich in den Windeln lag, da haben sich alle Leute entsetzt und gesagt: Sieht er nicht aus wie ein Räuber? Und als ich größer war, sind sie alle vor mir davongelaufen. Sie haben Angst gehabt vor meinem Gesicht. Weißt du, ich habe gar nicht so schlecht gelebt damit, obwohl ich kein Blut sehen kann und kaum ein Huhn am Spieß braten kann. *Schaut sich suchend, absichernd um.* Und wenn du niemandem etwas davon erzählst, sage ich dir jetzt, daß es mir unheimlich gut tut, dich getroffen zu haben, weil du dich nicht vor mir fürchtest. — Ich möchte so gerne deinem Kind etwas schenken. Aber leider habe ich nichts als lauter gestohlenes Zeug in der Tasche. Aber wenn es dir gefällt, dann will ich vor ihm tanzen!

Fünfte Szene

Der Räuber macht einige Tanzschritte und bewegt sich dazu; am besten nur auf der Stelle. Als Musik kann der Choral „In dir ist Freude", EKG 288, oder Panflötenmusik verwendet werden. Am Ende des Tanzes sinkt der Räuber ermüdet nieder und schläft ein.

Sechste Szene

Joseph kommt zurück.

Joseph: *Ruft schon von weitem laut.* Maria! Maria, komm schnell, ich habe...

Maria: *Unterbricht Joseph.* Pst! Sei still, hier schläft einer. *Zeigt auf den Räuber.*

Joseph: *Geht auf den Räuber zu und tritt erschrocken einen Schritt zurück.*
Um Himmels willen, was für einen gefährlichen Menschen hast du da in deiner Nähe?

Maria: Es ist ein schrecklich armer Mensch, Joseph. Er sieht unheimlich gefährlich aus und will es gar nicht sein. Er meint, er müsse als Räuber unter den Menschen herumlaufen. Horrificus, der Schreckenverbreiter, so nennt er sich.

Steht langsam auf. Komm, Joseph, ich erzähle dir unterwegs von ihm.

Joseph: Ja, damit wir keine Zeit verlieren und die Soldaten des Herodes uns nicht einholen.

Maria: *Stützt sich bei Joseph auf; beide gehen langsam aus der Spielfläche.*
Ach, weißt du, Joseph, wenn alle Soldaten dieser Welt so wären wie der Räuber! Stell dir vor, er hat vor unserem Kind getanzt. Er wollte ihm unbedingt etwas schenken. So hat er sich ihm mit seinem Tanz selbst geschenkt.

1. Stimme aus Gebüsch: Er hat getanzt, wie ich es noch nie in meinem Leben gesehen habe.

2. Stimme aus Gebüsch: Als er ein Kind war, haben die Großen ihn gehänselt.

3. Stimme aus Gebüsch: Er hat ein weiches Herz!

Siebte Szene

Sprecher(in): Der Räuber Horrificus blieb in der Wüste. Er legte seinen fürchterlichen Namen ab und wurde ein Heiliger. Es soll verschwiegen bleiben, wie er im Kalender heißt.

Die drei Gaben

Ein Weihnachtsspiel nach der gleichnamigen Erzählung von Werner Reiser.
Aus: „Die drei Gaben", Friedrich Reinhardt Verlag, Basel. Rechte beim Autor.

Personen:	Erste Gestalt, mit Lumpen bekleidet
	Zweite Gestalt, Ketten an Händen und Beinen
	Dritte Gestalt, zerzauste Frisur
	Joseph
	Maria
	Einwohner von Bethlehem – bis zu 10 Personen (geeignete Rollen für jüngere Kinder)
	Sprecher(in)
	evtl. die drei Weisen (keine Sprechrolle)
Zum Spiel:	Die Spielfläche ist in zwei Teile geteilt. Beide Teile werden durch eine imaginäre Tür getrennt. Ein Türpfosten genügt, der drinnen (im Stall) von draußen (vor dem Stall) trennt. Im Stall steht eine Krippe mit Stroh, daneben Maria und Joseph. Davor die Geschenke der Weisen (eine Schatulle für Gold, ein Steinguttöpfchen für Myrrhesalbe, ein Weihrauchschwenker).
Biblischer Bezug:	Matthäus 2,1 ff.: Die Geschichte der Weisen.
Ungefähre Spieldauer:	15 Minuten

Erste Szene

Sprecher(in): *Liest die Geschichte von den Weisen aus dem Morgenland, Matthäus 2, Vers 1–12. – Alternative: Die drei Weisen legen ohne Worte ihre Geschenke an der Krippe nieder und verlassen den Ort des Geschehens. Dazu singen alle das Lied „Drei Könige", siehe Anhang, Seite 138.*

Sprecher(in): Kaum haben die vornehmen Gäste aus dem Morgenland Bethlehem verlassen, nahen sich drei andere Gestalten. Sie kommen ohne Gefolge, unauffällig und unansehnlich.

Die drei kommen schleppend durch den Mittelgang zum Stall. Dazu Flötenmusik.

Die Einwohner: *Vor dem Stall. Unterhalten sich während der Flötenmusik und des Einzugs der drei Gestalten; für die Zuhörer noch unverständlich. – Musik hört auf.*

1. Einwohner: Hoffentlich waren das jetzt die letzten Besucher für heute.

2. Einwohner: Die Neugier der Menschen ist unbeschreiblich.

3. Einwohner: Die armen Eltern!

4. Einwohner: Das muß doch anstrengend sein für Joseph und Maria!

5. Einwohner: Wir sollten darauf achten, daß sie nicht zu sehr belästigt werden.

6. Einwohner: Von wegen Schluß mit den Neugierigen – da kommen schon wieder welche!

7. Einwohner: Und was für welche!

8. Einwohner: Das geht zu weit!

Die drei Gestalten sind vor dem Stall angekommen.

1. Einwohner: Da ist ja ein Krimineller dabei. Der hat noch Ketten!

2. Einwohner: Und der in seinen Lumpen!

3. Einwohner: Vor dem mit seinen wirren Haaren bekommt man ja Angst!

1. Einwohner: Wir haben hier ja schon viele Besucher erlebt. Aber so elend und verwahrlost hat noch nie jemand ausgesehen.

4. Einwohner:	Kommt, wir rücken zusammen, damit die drei nicht auf die Idee kommen, in den Stall hineinzugehen!
	Die Einwohner rücken vor dem Stall zusammen.
7. Einwohner:	Ihr habt ja überhaupt nichts bei euch!
8. Einwohner:	Wollt ihr dem Kind denn nichts bringen?
9. Einwohner:	Man könnte gerade meinen, ihr seid hier, um etwas zu holen!
10. Einwohner:	Um Himmels willen, wenn ich an die Geschenke denke, die die drei Weisen gerade gebracht haben.
Die Einwohner:	*Gemurmel mit skeptischen Handbewegungen.*

Zweite Szene

Joseph:	*Tritt vor den Stall zu den Leuten.*
Die Einwohner:	*Rufen aufgeregt fast gleichzeitig dem Joseph zu.*
5. Einwohner:	Joseph! Gesindel will zu dir kommen!
6. Einwohner:	Das kannst du nicht zulassen!
7. Einwohner:	Paß' ja auf!
Joseph:	*Beschwichtigend.* Zu diesem Kind hat jeder Zutritt! Egal ob arm, ob reich, ob elend oder vornehm, anständig oder unanständig, ob vertrauenswürdig oder verdächtig.
Maria:	*Ruft von ihrem Platz aus hinaus.* Das Kind gehört niemandem allein! Nicht einmal uns, seinen Eltern.
Joseph:	Laßt sie herein!
Die Einwohner:	*Schauen verwundert und machen den dreien Platz.*
Joseph:	*Kommt etwas nach vorne und führt die drei in den Stall.*
Die Einwohner:	*Drängen sich mit neugierigen Blicken an die Tür.*

Joseph:	*Geht langsam auf die Krippe zu, dreht sich noch einmal um zu den Einwohnern.*

Seid ihr nicht vor kurzem ähnlich armselig wie die drei vor das Kind getreten?!

Dritte Szene

Die drei Gestalten stehen einige Zeit stumm betend vor der Krippe.

Joseph: Hört zu, ihr drei, du mit dem wirren Kopf, du in deinen Lumpen und du mit der Kette, wir sind reich beschenkt worden.

Maria: Ja, wir möchten auch euch davon etwas spüren lassen.

Joseph: *Nimmt das Gold, das vor der Krippe liegt und streckt es dem Zerlumpten entgegen.*
So wie du aussiehst, brauchst du am ehesten das Gold. Kaufe dir damit Nahrung und Kleider. Ich habe einen Beruf und werde meine Familie auch ohne Gold ernähren können.

Maria: *Bückt sich nach der Myrrhensalbe vor der Krippe und gibt sie dem mit der Kette.*
Deine Ketten kann ich dir nicht abnehmen. Aber diese Salbe wird deinen geschundenen Händen und Füßen gut tun.

Joseph: *Nimmt den Weihrauch und gibt ihn dem Verwirrten.*
Nimm diesen Weihrauch. Sein guter Duft wird deine Traurigkeit nicht vertreiben. Aber vielleicht erquickt er ein wenig deine Seele.

Die drei: *Schauen staunend je ihre Gaben an.*

Die Einwohner: *Geraten in Bewegung.*

1. Einwohner: Er verschenkt alles!

3. Einwohner: Alles Wertvolle, was er erhalten hat!

5. Einwohner: Und eigentlich gehört es dem Kind!

7. Einwohner: Ausgerechnet für diese drei Gestalten!

9. Einwohner:	Das ist leichtsinnig!
2. Einwohner:	Das Kind wird beraubt!
8., 9. und 10. Einwohner:	Verschwendung!
Die drei:	*Gehen schleppend auf Joseph zu und schütteln dabei den Kopf.*

1. Gestalt: Ich danke dir für dein großes Angebot. Aber schau mich an! Wer bei mir Gold findet, wird mich sofort als Dieb verdächtigen. Ich habe für andere Menschen Gold aus der Erde gegraben. Selber habe ich nie welches besessen. Behalte es für dein Kind. Du wirst es bald brauchen können.

Legt das Gold Joseph zu Füßen.

2. Gestalt: Ich habe mich an meine Wunden gewöhnt. Ich bin zäh und geduldig geworden. Behalte die Myrrhe für dein Kind. Sie kann ihm helfen, wenn es einmal geschundene Hände und Füße haben wird.

Legt die Myrrhe der Maria zu Füßen.

3. Gestalt: Ich komme aus der Welt der Religionen und Philosophien. Ich bin an ihnen irre geworden. Ich glaube nichts mehr. Ich habe Gott verloren. Was soll ich da mit Weihrauch? Er würde meine Zweifel umnebeln. Aber Gott kann er mir nicht ersetzen.

Stellt den Weihrauch Joseph zu Füßen.

Die Einwohner:	*Sind entsetzt, gestikulieren aufgeregt.*
Joseph:	*Bedeckt kopfschüttelnd sein Gesicht mit den Händen.*
Maria:	Joseph! Joseph! Warum machst du so ein erschrockenes Gesicht? Schau das Kind an!
Joseph:	*Macht einen Schritt auf das Kind zu und schaut in die Krippe.* Es liegt da mit offenen, strahlenden Augen.
Maria:	Es empfindet anders als wir alle.
Die drei:	*Gehen ganz langsam auf die Krippe zu, postieren sich um die Krippe herum.*

1. Gestalt: *Beugt sich ganz tief über die Krippe.*
Du bist nicht aus der Welt des Goldes, der Myrrhe und des Weihrauchs.

2. Gestalt: *Beugt sich auch über die Krippe.*
So wenig wie wir. Du gehörst in unsere Welt der Not, der Plage und des Zweifelns.

3. Gestalt: *Beugt sich ebenfalls über die Krippe.*
Darum bringen wir dir das, was wir mit dir gemeinsam haben.

1. Gestalt: *Nimmt einen seiner Lumpen und legt ihn auf das Stroh.*
Nimm meine Lumpen. Du wirst sie einst tragen, wenn sie dir deine Kleider wegnehmen und du allein und nackt bist. Denke dann an mich.

2. Gestalt: *Nimmt eine Kette ab und hängt sie über die Krippe.*
Nimm meine Fesseln. Sie werden dir passen, wenn du älter bist. Man wird sie dir einst umlegen, wenn man dich wegführt. Denke dann an mich.

3. Gestalt: *Beugt sich ganz tief über die Krippe.*
Nimm meinen Zweifel und meine Gottverlassenheit. Sonst habe ich nichts. Ich kann sie nicht allein tragen. Sie sind mir zu schwer. Teile sie mit mir. Nimm sie ganz in dich auf. Schreie sie hinaus und trage sie vor Gott, wenn du so weit sein wirst.

Maria: *Erschrickt bei der Aussage der ersten Gestalt, bedeckt entsetzt ihr Gesicht mit den Händen bei den Worten der zweiten Gestalt und geht vor Schreck einige Schritte zurück bei der Aussage der dritten Gestalt.*

Joseph: *Versucht gleichzeitig, jeden der drei Gestalten abzuwehren.*

Die Einwohner: *Lautes Gemurmel.*

7. Einwohner: Jagt sie endlich fort!

8. Einwohner: Sie legen einen Fluch auf das Kind!

9. Einwohner: Joseph, tu' etwas!

Joseph: *Greift in die Krippe, spielt pantomimisch, daß Lumpen und Ketten nicht mehr von der Krippe zu lösen sind.*
Himmel, Maria! Die Lumpen und die Fesseln — sie lassen sich nicht mehr lösen von der Krippe! Schau, es ist, als ob sie mit dem Kind verwachsen sind.

Maria:	*Geht langsam und vorsichtig wieder auf die Krippe zu.* Joseph, schau, das Kind mit seinen offenen Augen! Es blickt unverwandt auf unsere drei Besucher. Sein Blick gilt ganz ihnen. *Langes Schweigen bei allen, auch bei den Besuchern vor dem Stall. Dazu evtl. meditative Musik auf Flöte oder Orgel.*
Die drei:	*Erheben sich langsam und strecken sich, während sie zum Stall hinausgehen.*
1. Gestalt:	Wir haben den Ort gefunden, wo wir unsere Last ablegen konnten.
2. Gestalt:	Jetzt weiß ich, bei diesem Kind ist alles in treuen Händen: die Not, die Plage und die Gottverlassenheit.
3. Gestalt:	Jetzt bin ich zuversichtlicher. Unser Elend ist begrenzt und es wird mitgetragen.

Lied „Nun jauchzet, all ihr Frommen", EKG 7, Vers 4–6.

In der Tiefe
bewegen

So war das mit den Engeln

Nach der gleichnamigen Erzählung von Theodor Leonhard.

Personen: Erzengel = Chorleiter(in)
         Engelchor – davon 4 Sprecher(innen)
         Zwei besonders kleine Engel (Kinder)
         Vier Hirten

Zum Spiel: Der Engelchor kann durch Musikinstrumente verstärkt werden.

Biblischer Bezug: Lukas 2,1–20: Weihnachtsgeschichte

Ungefähre Spieldauer: 20 Minuten

Erste Szene

Erzengel:	*Liest Lukas 2,1–14.*

Damit ist unsere Aufgabe klar. Wir wissen, was wir zu tun haben. Wir haben bei der Geburt des Sohnes unseres Herrn zu singen. Auf geht's nach Bethlehem. Unterwegs proben wir unser Lied.

Schlägt die Bibel zu.

Zweite Szene

Chor singt „Ehre sei Gott in der Höhe", siehe Anhang, Seite 134.

Zwei kleine Engel: *Gleich angezogen; anstatt „in der Höhe" singen sie „in der Tiefe".*

Dritte Szene

Erzengel: Was ist denn mit euch beiden los?! Ihr singt doch falsch.

1. kleiner Engel: Nicht falsch.

2. kleiner Engel: Wir singen anders.

Erzengel: Jedenfalls entspricht das, was ihr singt, nicht dem göttlichen Auftrag!

1. kleiner Engel: Was heißt hier Auftrag?

2. kleiner Engel: Der Herr selbst hat uns beide beauftragt, so zu singen.

Erzengel: Der Herr im Himmel! Er soll euch beauftragt haben, „Ehre sei Gott in der Tiefe" zu singen?

Zwei kleine Engel: Genau so ist es.

Erzengel: Das kann ich mir bei Gott nicht vorstellen.

1. Engel-sprecher(in): Es ist wirklich seltsam, falls das stimmen sollte.

2. Engel-sprecher(in):	Aber der Herr hat manchesmal seine unberechenbaren Launen!
3. Engel-sprecher(in):	Richtig. Besonders auffällig in der letzten Zeit ist seine offenkundige Sympathie für die Menschen auf der Erde.
4. Engel-sprecher(in):	Diese Sympathie hat ihn schon einige Male zu seltsamen Entschlüssen kommen lassen.
1. Engel-sprecher(in):	Und der Höhepunkt dieser Sympathie für die Menschen ist, daß ausgerechnet bei ihnen sein Sohn geboren wird.
2. Engel-sprecher(in):	Das ist für einen Engel wirklich unverständlich!
Erzengel:	Du hast recht. Deshalb müssen wir ja mit unserem Gesang retten, was zu retten ist.
3. Engel-sprecher(in):	Die Menschen sollen bei dieser Geburt wenigstens wissen, daß sie es mit dem Herrn und nicht mit ihresgleichen zu tun haben.
4. Engel-sprecher(in):	Wir, seine treuen Diener, wissen, was wir unserem Herrn schuldig sind.
1. kleiner Engel:	Ich merke, ihr werdet unruhig.
2. kleiner Engel:	Findet euch damit ab: Der Herr hat uns einen neuen Text aufgetragen.
1. kleiner Engel:	Mit „Ehre sei Gott in der Höhe" soll es nun vorbei sein.
2. kleiner Engel:	Von heute an gilt auch „Ehre sei Gott in der Tiefe".
1. Engel-sprecher(in):	Die beiden haben ja gar nicht so unrecht!
2. Engel-sprecher(in):	Wir haben das doch auch alle gehört, wenn wir ehrlich sind.
Erzengel:	Natürlich hab' ich das gehört. Aber ich konnte es nicht glauben. Das geht nun wirklich über meine himmlische Hutschnur.
3. Engel-sprecher(in):	Es darf doch nicht wahr sein, daß wir Engel plötzlich nicht mehr die himmlische Höhe, sondern die irdische Tiefe besingen sollen!

4. Engel-sprecher(in):	Soweit kann nun selbst ein Engel nicht den Launen seines Herrn folgen!
Erzengel:	*Zu den zwei kleinen Engeln.* Seht ihr, wir sind da in der Mehrheit. Ich denke, ihr haltet zu stur an dem neuen Text fest, den Gott der Herr vorgeschlagen hat.
1. Engel-sprecher(in):	Außerdem haben die beiden Kleinen noch gar nichts zu sagen.
2. Engel-sprecher(in):	Die wollen sich doch nur wichtig machen!
3. Engel-sprecher(in):	Die wollen sich in den Augen des Herrn vortun!
4. Engel-sprecher(in):	Wir kennen sie ja, diese Unruhestifter. Sie wollen immer etwas Neues.
Erzengel:	Gestritten wird jetzt auf keinen Fall. *Zu den beiden kleinen Engeln.* Und ihr zwei seid jetzt nicht so aufsässig. Ihr haltet euch auch an das Gewohnte, sonst ist euere himmlische Karriere beendet, bevor sie richtig angefangen hat.
1. Engel-sprecher(in):	Um Himmels willen, wir sind da!
2. Engel-sprecher(in):	Richtig, wir sind in Bethlehem.
Erzengel:	Also Ruhe. Kein Streit mehr! Konzentriert euch. Gebt euer Bestes! Die Menschen sollen merken, daß wir vom Himmel kommen.
1. kleiner Engel:	*Verschmitzt.* Jetzt schlägt unsere Stunde.
2. kleiner Engel:	Was heißt unsre? Es ist die Stunde des Herrn.

Vierte Szene

*Chor singt und musiziert noch einmal das Lied „Ehre sei Gott in der Höhe",
zuerst einstimmig und dann als Kanon. Die beiden kleinen Engel singen bei
der Stelle . . . „in der Höhe . . ." nicht mehr mit; sie legen an der entsprechenden Textstelle den Zeigefinger auf den Mund.*

Fünfte Szene

1. Engel-
sprecher(in):   Ach, du lieber Gott, Bethlehem, das sind ja nur ein paar Häuser.

2. Engel-
sprecher(in):   Da soll der Sohn unseres Herrn geboren sein?!

3. Engel-
sprecher(in):   Und keine Menschenseele, außer ein paar lumpigen Hirten, sehe ich.

4. Engel-
sprecher(in):   Vor ein paar lumpigen Hirten, die erschrocken die Augen aufreißen, haben
wir auch noch nie Musik gemacht.

Sechste Szene

*Vier Hirten treten auf. Der Engelchor singt Lied und Kanon noch einmal;
die zwei kleinen Engel verhalten sich wie zuvor.*

1. Hirte: Hört ihr das?

2. Hirte: Das klingt, wie von Engeln gesungen!

3. Hirte: Schaut her! Himmlische Heerscharen.   *Deutet auf den Engelchor.*

4. Hirte: Es klingt, als ob sie von einer frohen Botschaft singen.

1. Hirte: Und sie haben auch zwei ganz besonders Kleine dabei.

2. Hirte: Ja, die schauen besonders fröhlich.

3. Hirte: Und sie tanzen ein bißchen.

4. Hirte: Paßt auf! Die himmlischen Heerscharen ziehen weiter. Laßt uns mitgehen. Wo sie uns wohl hinführen werden?

Das Summen geht in Singen über, während der Chor die Spielfläche verläßt. Die beiden kleinen Engel bleiben stehen. Als die Hirten an ihnen vorübergehen wollen, halten sie die Hirten an der Hand fest, führen sie zum Mikrofon und sprechen.

1. kleiner Engel: Es heißt „Ehre sei Gott in der Tiefe".

Stampft auf.

2. kleiner Engel: Unser Herr läßt euch das ausrichten. Denn EUCH ist heute sein Sohn geboren!

Die Hirten nehmen die beiden kleinen Engel fröhlich auf den Arm und führen sie weg von der Spielfläche.
Gemeinde singt das Lied „Ich lobe meinen Gott, der aus der Tiefe mich holt", siehe Anhang, Seite 140.

Uns ist ein Kind gegeben

Eine Ratssitzung der himmlischen Heerscharen

Nach der gleichnamigen Geschichte von Werner Reiser.
Aus: „Die drei Gaben", Friedrich Reinhardt-Verlag, Basel. Rechte beim Autor.

Personen:	Sprecher(in): – kann mit Textvorlage arbeiten Engel Gabriel Erste Engelgruppe (mindestens drei Engel) ⎫ Zweite Engelgruppe (mindestens drei Engel) ⎬ geeignete Rollen Dritte Engelgruppe (mindestens drei Engel) ⎭ für jüngere Kinder
Zum Spiel:	– Wer die Engel besonders kennzeichnen möchte, dem schlagen wir vor, ihnen brennende Kerzen in die Hand zu geben. Den jeweiligen Engelgruppen je gleichfarbige (rot, weiß, gelb), dem Engel Gabriel eine größere weiße. – Zwei Engelgruppen stehen diskutierend zusammen. Eine sitzt etwas im Hintergrund. – Wer mehr als 3 x 3 Engel mit Sprecherrollen einsetzen möchte, kann die angegebenen Sprechanteile auf mehrere Personen verteilen. Zusätzlich können Vorschulkinder ohne Sprechrollen beteiligt werden.
Biblischer Bezug:	Jesaja 9,5 und 6: Die Verheißung des Kindes.
Ungefähre Spieldauer:	25–30 Minuten

Erste Szene

Die drei Engelgruppen treten auf.

Sprecher(in): Der Himmel ist ratlos. Die Menschen sind für die Geheimnisse des Himmels taub und blind geworden. Selbst ihre Träume sind erloschen. Wenn sie noch träumen, dann von Reichtum, Erfolg und schönen Frauen. Sie träumen nach außen, nicht nach innen oder gar nach oben.
Dieser öde Zustand darf nicht weiter um sich greifen. Die sichtbare und unsichtbare Welt fallen immer mehr auseinander, und das tut weder den Menschen noch den Engeln gut. Die einen beschäftigen sich dann nur noch mit sich selbst, und die anderen heben so ab, daß sie nie mehr den Kontakt zur Erde bekommen. Deshalb ist unser oberster Engel, Gabriel, gerade zu Gott gerufen worden. In der Zwischenzeit verhandeln unsere Engel über mögliche Lösungen miteinander.

Engel I.1: Ich bleibe dabei, nach wie vor haben Erdbeben und große Naturkatastrophen die Menschen am ehesten nachdenklich gemacht.

Engel II.1: Strafaktionen können doch nicht himmlische Mittel sein.

Engel I.2: Wahrscheinlich haben gerade solche Mittel dem Ansehen am meisten geschadet und den Himmel unglaubwürdig gemacht!

Engel II.2: Sogar nach der großen Sintflut ist kein einziger besser geworden. Im Gegenteil, der Untergang hat den Übriggebliebenen ein derart schlammiges Gefühl hinterlassen, daß sie bis ins Innerste verkrustet sind.

Engel I.3: Und jeder, der gegenüber dem Himmel mißtrauisch ist, beruft sich gerade auf solche Katastrophen.

Engel II.3: Was meint ihr, wäre es dann nicht sinnvoller, daß wir uns in voller Engelausrüstung den Menschen zeigen und sie mit Glanz und Gloria überwältigen?

Engel II.2: Richtig, da wird keiner mehr die Augen verschließen. Dem Aufmarsch der himmlischen Heerscharen widersteht niemand!

Engel I.2: Wir Jüngeren sind da etwas anderer Meinung. Wir werden wohl im Moment Eindruck machen, aber wir können ja nicht dauernd vor ihnen stehen bleiben.

Engel I.3:	Und wenn sie uns dann nicht mehr sehen, bleiben ihnen nur noch unsere Heere in Erinnerung.
Engel I.1:	O je, dann werden sie nicht zögern, unseren Auftritt nachzuahmen und selber Heere aufstellen. Ja, sie werden uns mißbrauchen, um ihre mörderischen Heere mit himmlischem Glanz zu umgeben.
Engel II.1:	Was ist mit euch los?

Zeigt auf die im Hintergrund sitzende dritte Engelgruppe.

	Ihr habt euch noch gar nicht zu Wort gemeldet. Schaut nicht so überlegen, sondern sagt, was ihr denkt!
Engel II.3:	Es ist nicht himmlischer Brauch, seine Weisheit für sich zu behalten!
Engel III.1:	Man hat uns nicht gefragt. Wir können warten, bis man uns hören will.
Engel III.2:	Wir leiden natürlich genauso wie ihr darunter, daß die Menschen von uns nichts mehr wissen wollen. Aber wir suchen die Ursache dafür nicht nur bei ihnen, sondern auch bei uns.
Engel III.3:	Wir haben wochenlang den irdischen Markt erforscht. Man muß wissen, was die Menschen denken, was sie erwarten und welche Bedürfnisse sie haben. Danach müssen wir unsere Absichten richten, sonst bleibt es ein Angebot ohne Nachfrage.
Engel I.1:	Ich erhebe Einspruch! Wir waren vor den Menschen da. Wir haben ältere Rechte. Sie haben uns nicht zu kritisieren.
Engel II.1:	Die Bedürfnisse des Himmels gehen vor, denn sie beruhen auf den Geheimnissen Gottes. Die Menschen sind Geschöpfe. Und zudem wurden sie noch zu allerletzt geschaffen. Sie haben zu dienen!
Engel I.2:	Beruhigt euch doch! Wir wissen doch alle, daß Gott die Menschen aus purer Freude geschaffen hat. Er war nicht auf der Suche nach Geschöpfen, die ihn mit Opfern zufriedenstellen. Das tun doch nur heidnische Götter – aber nicht er.
Engel II.2:	Weil Gott frei ist *von* den Menschen, deshalb ist er auch frei *für* sie. Also, jetzt laßt uns mal euren Vorschlag hören.

Engel III.1:	Vielen Dank, daß wir jetzt endlich zu Wort kommen! Also — seit die Menschen ohne Aufblick zu uns leben, schauen sie nur noch zur Erde. Sie arbeiten immer gegen den eigenen Schatten. Sie können sich nicht mehr freuen, obwohl sie sich danach sehnen.
Engel III.2:	Seht ihr, deshalb wollen wir ihnen ein Fest bereiten und ihnen so auf Jahre hinaus Erinnerungen der Freude und der Freiheit schenken!
	Die nun folgenden Beiträge müssen ohne lange Pausen kurz hintereinander gesprochen werden, so, als ob die Engel sich gegenseitig ins Wort fallen.
Engel III.3:	O ja, ein Fest mit allen Geschöpfen Gottes. Das wäre die Versöhnung.
Engel I.3:	Ach was, sie werden einen Augenblick an uns denken und uns bald zur bloßen Dekoration erniedrigen!
Engel II.3:	Sie unterbrechen höchstens ihre Arbeit, aber ändern nicht ihre Grundhaltung!
Engel III.1:	Aber wir hinterlassen ihnen bessere und tiefere Bedürfnisse, als sie bisher hatten!
Engel III.3:	Was soll das Durcheinandergerede? — Ruhe, Gabriel kommt zurück!
	Auf das Stichwort Gabriel erstarren alle und schauen in die Richtung, aus der Gabriel kommt. Gabriel geht langsam auf die Engelgruppe zu, bleibt stehen, schaut sie lange an, ohne etwas zu reden.
Gabriel:	Ein Kind! Ein Kind. Er gibt ihnen ein Kind. Das ist seine Antwort auf die Entfremdung der Menschen.
Alle Engel:	Ein Kind?!
	Die Engel rufen das Wort alle durcheinander, sie rufen es staunend, erschrocken, bewundernd, abwehrend, verständnislos, begeistert.
Engel I.1:	Ein Kind — wie göttlich!
Engel II.2:	Ein Kind — wie gewöhnlich!
Engel III.3:	Ein Kind — wie unverständlich!

Gabriel:	Ihr wißt, daß bei uns Himmlischen keiner aus seinem Herzen eine Mördergrube macht. Deshalb möchte ich mir in aller Ruhe eure Einwände anhören.
Engel I.2:	Sie werden das Kind nicht wollen. Sie erfinden doch selbst alles, um Kinder zu verhüten und abzutreiben! Kinder sind unerwünscht.
Engel II.1:	Und wenn sie trotzdem zur Welt kommen, haben sie keinen Platz für sie. Familien mit Kindern bekommen keine Wohnung! Nein, sie haben den Segen in Fluch verwandelt. Darum wird auch für dieses Kind kein Platz sein!
Gabriel:	Gerade deshalb soll es ein Kind sein. Ein Unerwünschtes neben Unerwünschten. Es wird ihm gehen wie vielen anderen. Der Mann seiner Mutter wird sie verlassen wollen, der Machthaber der Zeit wird ihm nach dem Leben trachten. Später wird man nach ihm fahnden, weil er als Erwachsener anders denkt und lebt als die anderen. Immer wird er unerwünscht sein — so, wie Gott selbst in der Welt unerwünscht ist. Dieses Kind teilt sein Schicksal mit Gott und mit allen ungeliebten Kindern und Menschen. Es wird die Gemeinschaft aller Unerwünschten sein.
Engel III.1:	Aber warum um alles in der Welt soll es wieder einer von ihrer Sorte sein? Gibt es nicht schon genug Menschen?
Gabriel:	Vergiß nicht, daß die Menschen nur wenig geringer sind als wir selbst. Er hat sie nach seinem Ebenbild geschaffen.
Engel I.3:	Du hast die Frage noch nicht beantwortet, Gabriel. Warum soll es wieder einer von ihrer Art sein? Von ihresgleichen nehmen sie doch nichts an. Sie kennen und durchschauen einander. Ihr Wesen pflanzt sich fort und verändert sich nicht. Zwischen ihnen und uns ist doch noch genügend Abstand für einen höheren Menschen, für einen, der sich schon weiterentwickelt und den bisherigen irdischen Menschen abgestreift und überwunden hat. Deshalb frage ich noch einmal: Warum fängt Gott wieder mit den Menschen dieser Art an?
Gabriel:	Wißt ihr, das wäre dann ein Übermensch und damit unmenschlich. Und an Übermenschen haben die Menschen genug zu leiden. Für Gott sind sie recht als Menschen.
Engel I.2:	Er hat es doch noch gar nicht ausprobiert!

Gabriel:	Die Menschen haben noch viel Raum, um sich als Menschen zu entwickeln. Die Schöpfung Gottes ist noch nicht zu Ende. Solange Gott sie haben will, sind sie im Werden. Und es ist ein neuer Schöpfungstag, wenn er dieses Kind schafft. – Du brauchst keine Sorgen zu haben, das Kind wird von ihrer Art sein, aber nicht von ihrer Unart.
Engel II.3:	Auf alles hast du eine Antwort, als ob immer alles aufginge und nie ein Rest übrigbleibt!
Gabriel:	Wenn ihr das hättet sehen können! In Gottes Augen spiegelte sich die ganze Menschheit vor Freude, als er beschloß, mit diesem Kind ans Werk zu gehen. – Wie könnt ihr da von mir eine andere Antwort erwarten?!
Engel III.2:	Wir sind sehr beeindruckt. Darf man fragen: In welchem Volk soll das Kind geboren werden? Und ist es auch sicher, daß man es dort annimmt?
Gabriel:	Es wird in einem Volk geboren werden, das kein Volk ist und keine Grenzen hat. Was dort geschieht, gehört von Anfang an der ganzen Welt. Es kommt in diesem Volk sozusagen zur – zur Welt. Und ob sie es annehmen? – Es ist eine Gabe Gottes und kein Zwang. Du weißt, daß Gott mit seinen Gaben die Welt nicht erpreßt und nicht kauft. Er gibt aus reiner Freude. Er gibt aus Liebe. Es ist sein Angebot an alle. *Lied „Vom Himmel hoch", EKG 16, Vers 2–5.* *Während des Liedes verlassen alle Engelgruppen die Spielfläche, nur Gabriel bleibt.*

Zweite Szene

Sprecher(in):	Nun hat kein Engel mehr etwas zu fragen. Im Himmel führen Gespräche immer zu einem Weg, dem alle aus innerer Überzeugung zustimmen. Bevor jedoch der Jubel ausbricht, verteilt Gabriel die zukünftigen Aufgaben.
Gabriel:	*Winkt die erste Gruppe herbei. Die Engelgruppe I bleibt vor Gabriel stehen. Gabriel liest im folgenden aus einer Schriftrolle.* Ihr werdet den Menschen den Schlamm der Angst von den Herzen nehmen, damit sie wieder Liebe und Vertrauen empfinden können. Ihr werdet in der

Nacht der Geburt den Menschen erscheinen und ihnen sagen: Fürchtet euch nicht, denn wir verkündigen euch große Freude.

Lied „Kommet ihr Hirten", Vers 1—3, siehe Anhang, Seite 137.
Die Engel machen eine kleine Verbeugung vor Gabriel und verlassen die Spielfläche.

Gabriel: *Winkt die zweite Gruppe herbei. Die Engelgruppe II tritt vor Gabriel; er liest aus der Schriftrolle.*
Ihr werdet in jener Nacht die himmlischen Scharen vertreten. Doch sollt ihr mit leeren Händen vor den Menschen erscheinen, damit sie erkennen, daß der Himmel keine anderen Waffen hat als die Macht und die Ohnmacht der Liebe Gottes.

Lied „O du fröhliche", Vers 3, siehe Anhang, Seite 136.
Die Engelgruppe verbeugt sich vor Gabriel und verläßt die Spielfläche.

Gabriel: *Winkt die dritte Engelgruppe herbei. Die Engelgruppe III tritt vor Gabriel; er liest aus der Schriftrolle.*
Ihr werdet das Fest in die Herzen jener Menschen legen, die ein unerwünschtes Kind bekommen. Ihr werdet im Traum dem Mann erscheinen, der seine Frau verlassen will, und der Frau, die ihren Mann verlassen will. Ihr werdet ihnen Mut machen. Ihr werdet in der Nacht die Eltern ermutigen, die ein Kind erwarten und von Sorgen gequält sind. Ihr werdet das Fest in die Herzen jener legen, die keine Kinder haben, aber andere aufnehmen. Ihr werdet die Herzen der Vermieter aufbrechen, damit sie Familien mit Kindern in ihre Häuser aufnehmen. Wenn einige beginnen, werden andere ermutigt, es ihnen gleichzutun, solange es unerwünschte Kinder gibt.

Lied „Ihr Kinderlein kommet", Vers 1—3, siehe Anhang, Seite 139.
Engelgruppe verbeugt sich vor Gabriel und verläßt die Spielfläche.

Mit Verstrickungen leben

Der Außenseiter

Nach der gleichnamigen Erzählung von Edith Biewend.
© Friedrich Reinhardt-Verlag, Basel.

Personen:	Pfarrer Reindl (kann evtl. auch eine Pfarrerin sein) Matthias Drei Jugendliche Sprecher(in)
Zum Spiel:	Das ganze Spiel findet in einer Kirche statt. Der Kirchenraum an Weihnachten ist somit übergangslos einmal Spielfläche und einmal reale Situation. Eine Kurzansprache ist in das Spiel zu integrieren.
Biblischer Bezug:	Römer 15,7: Nehmt einander an, wie Christus uns angenommen hat.
Ungefähre Spieldauer:	15 Minuten, ohne Kurzansprache.

Erste Szene

Pfarrer(in):	*Richtet seine/ihre Unterlagen für den Weihnachtsgottesdienst.* Jetzt kann es wirklich Weihnachten werden! Sie haben den Matthias aus dem Jugendgefängnis entlassen! Vorzeitig! Mein Sorgenkind Matthias. Wegen guter Führung und auf Bewährung. Sie haben mir geglaubt. Gott sei Dank habe ich auch einmal einen sichtbaren Erfolg. Das tut gut.
Matthias:	*Betritt die Szene.* Guten Abend!
Pfarrer(in):	Matthias! Schön, daß du mich gleich besuchst! Kommst du nachher zur Christvesper?
Matthias:	Zum Gottesdienst? Ich? Was werden die Leute denken? Ein Verbrecher im Gottesdienst! Und das ausgerechnet an Weihnachten!
Pfarrer(in):	Na hör mal, das bietet sich doch geradezu an. Weihnachten als die Stunde der Versöhnung.
Matthias:	Ich weiß nicht.
Pfarrer(in):	Laß uns doch den heutigen Gottesdienst als den Anfang dafür nehmen, dich wieder in die Gemeinde einzugliedern.
Matthias:	Aber, was werden meine Eltern sagen? Sie sind bestimmt nicht damit einverstanden. Sie haben es mir sogar verboten. Sie gehen selber nicht zum Gottesdienst. Sie schämen sich für mich. So sind sie nun einmal.
Pfarrer(in):	Du spielst den folgsamen Sohn im falschen Augenblick. Hast du etwa deine Eltern gefragt, wenn du den Konfirmandenunterricht geschwänzt hast?
Matthias:	*Schüttelt den Kopf.*
Pfarrer(in):	Na also! Dann frag jetzt auch nicht. Entscheide selbst.
Matthias:	*Zögernd.* Ja … wenn Sie meinen … Wenn Sie es für richtig halten, dann komme ich … Bestimmt! Sie können sich darauf verlassen.

Zweite Szene

Sprecher(in): Wie jedes Jahr zu Weihnachten kommen viele Menschen zum Gottesdienst. Aus welchem Grund auch immer. Und Matthias ist ebenfalls gekommen. Er hat Wort gehalten. Aber, er sitzt allein in der Bank. Vor ihm und hinter ihm quetschen sich die Menschen auf engstem Raum zusammen. Pfarrer(in) Reindl hält seine/ihre Augen unentwegt auf diese eine Bank gerichtet, als könne er/sie nicht fassen, was dort vor sich geht, als müsse durch sein/ihr bloßes Hinschauen sich dort noch etwas ändern. Wieder öffnet sich die Tür, zwei Nachzügler kommen eilig durch den Gang. Sie sehen sich suchend um, wählen — der Pfarrer (die Pfarrerin) atmet auf — die fast leere Bank. Sie bleiben kurz stehen und beten. Matthias sitzt mit gesenktem Kopf daneben. Doch kaum haben sie sich hingesetzt, da erkennen sie ihren Nebenmann. Sie stehen auf und drängen sich in die Reihe davor. Die Leute rücken bereitwillig zur Seite. Da steht auch Matthias auf. Er verläßt mit schwerfälligen Schritten das ungastliche Haus. Die Kirchentür fällt polternd ins Schloß. Niemand nimmt Anstoß daran. Es scheint fast so, als habe man es darauf abgesehen, als seien alle froh, nun ganz unter sich zu sein, in der Gemeinschaft der Heiligen. Erwartungsvolle Gesichter heben sich dem Pfarrer (der Pfarrerin) entgegen. Sie lächeln. Sie muntern ihn (sie) auf: Nun bitte, du kannst beginnen, es ist an der Zeit.

Dritte Szene

Pfarrer(in): *Löscht das Licht am Weihnachtsbaum, nimmt das Altarkruzifix oder ein anderes Kreuz in die Hand.*
Ich habe der Gemeinde folgendes mitzuteilen: Vor wenigen Minuten wurde in meiner Kirche Jesus Christus zum zweiten Mal gekreuzigt. Und darum wird hier heute nicht Weihnachten gefeiert, sondern Karfreitag. Wir singen das Lied 71: „Herr, stärke mich, dein Leiden zu bedenken".

Vierte Szene

Gemeinde singt aus EKG 71 die Verse 1, 2, 5 und 7.

Fünfte Szene

*Kurzansprache über die Verstrickung von Krippe und Kreuz. Hier wäre eine
Meditation über das Bild auf Seite 61 oder 75 möglich.*

Sechste Szene

Pfarrer(in):	*Aufgeregt.* So etwas hat die Gemeinde noch nie erlebt. Aber ich auch nicht. Alle haben sie nach dem Lied den Gottesdienst verlassen. Aber wer hat denn hier provoziert? Die Frage wird jetzt sein, ob morgen zum Gottesdienst jemand kommt. Vielleicht die Freunde von Matthias? Aber denen habe ich neulich auch klar gemacht, daß sie Jesus nicht als Sozialrevolutionär vereinnahmen können. Das wiederum hat sie gestört. Jetzt hab ich wohl Widerstand von den Alten wie von den Jungen. *Vergräbt das Gesicht in beiden Händen.* Herr, mein Gott, zeig mir einen Ausweg aus diesem Dilemma! *Die drei Jugendlichen Ingo, Rainer und Dieter betreten die Szene.*
Ingo:	Guten Abend!
Rainer:	Dürfen wir kurz ... stören?
Dieter:	Wir brauchen nicht lange.
Ingo:	Wir wollten Ihnen nur kurz sagen ...
Rainer:	Ja, wir wollten Sie beglückwünschen ...
Dieter:	Zu Ihrer verdammt revolutionären Tat!
Pfarrer(in):	So! Kommt darauf an, was ihr darunter versteht. — Zum Revoluzzer habe ich nämlich keine Neigung. Ihr hättet lieber in die Kirche kommen sollen, um den Matthias und mich zu unterstützen, anstatt mir nachträglich Lorbeerkränze zu winden.
Rainer:	Wir sind ganz Ihrer Meinung.
Ingo:	Wenn bloß die Bibel nicht so ein langweiliges Buch wäre!

Pfarrer(in):	*Ärgerlich.* Wenn, wenn, wenn, wenn . . . ! Ich hätte auch ein Wenn anzumelden. Wenn nämlich ein Buch und ein Kopf zusammenstoßen und es klingt hohl, so muß es nicht unbedingt am Buch liegen!
Dieter:	*Verlegen.* Wie . . . bitte?
Pfarrer(in):	Na, lassen wir das. – Ich brauche euere Hilfe. Gut, daß ihr da seid. Allein komme ich nicht weiter. Hört zu! Es geht jetzt gar nicht um die Bibel oder um die Kirche. Es geht um Matthias. Morgen ist Weihnachtsgottesdienst, um 10.00 Uhr wie üblich. Traut ihr euch zu, den Matthias so zu beeinflussen, daß er mit euch zum Gottesdienst kommt? – Und noch ein paar andere dazu, womöglich von der älteren Generation. Oder traut ihr keinem über 30? Wißt ihr, ich verlange das nicht von euch, weil ich mich fürchte, vor leeren Bänken zu stehen. Es geht einzig und allein um Matthias. Es geht darum, daß er sich wieder von uns aufgenommen weiß.
Ingo:	Klar! Kapiert!
Dieter:	Das kriegen wir schon!
Pfarrer(in):	Nehmt das nicht auf die leichte Schulter, Leute. Es wird nicht einfach sein, vor allem bei Matthias. Er ist ja verletzt. Ihr wart nicht dabei. Es war eine widerliche Szene. Und es muß gutgemacht werden, sonst kann ich hier nicht mehr predigen.
Rainer:	*Zögernd.* Hoffentlich laufen die Leute diesmal nicht meinetwegen davon. Meine Frisur erregt ja überall Aufsehen!
Pfarrer(in):	Das ist mir jetzt egal. Du siehst zwar aus wie Ludwig XIV., aber wenn es euch gelingt, den Matthias zurückzuholen, könnt ihr euch von mir aus Zöpfe flechten.
Dieter:	O.K., wir schaffen das schon. Darf ich Ihnen noch meinen neuen Schlitten zeigen? Er steht draußen vor der Kirche. Funkelnagelneu. Und selbst zusammengespart. Überstunden natürlich.
Pfarrer(in):	Sehr schön, aber die wahre Konsumverweigerung ist das auch nicht. Und *ich* habe Hemmungen, von meinem Kleinwagen auf einen größeren umzusteigen, weil ihr mir immer vorgehalten habt, daß Jesus auf einem Esel geritten ist.

Ingo:	Das war doch nur Spaß!
Pfarrer(in):	So, war es das? Ich weiß nicht recht. Also: Jetzt kommt ihr noch mit rüber zu mir. Wir trinken zusammen noch etwas. Und dann Auf Wiedersehen bis morgen im Gottesdienst. Aber *mit* Matthias!
Rainer:	Worauf Sie sich verlassen können! Mit Matthias!

Siebte Szene

Sprecher(in):	Seit seiner (ihrer) ersten Predigt hat Pfarrer(in) Reindl keinem Gottesdienst mit solcher Nervosität entgegengesehen. Über 30 Leute kommen. Die besonders Erwarteten allerdings sind am Anfang nicht da. Der Lichterbaum ist wieder angezündet. Pfarrer(in) Reindl läßt die Kirchentür nicht aus den Augen. – Und dann kommen sie, die Jugendlichen! Alle miteinander, einschließlich Matthias. Ingo, Rainer und Dieter haben ihn in der Mitte. Nicht nur um ihn seelisch, sondern auch körperlich zu stützen. Denn er hat es leider Gottes dringend nötig. Matthias hat sich Mut angetrunken. Sie setzen sich mit ihm in die erste Reihe, damit die Gemeinde durch die Schnapsfahne nicht belästigt wird. Aber gegen alle Erwartungen wird es eine wirklich weihnachtliche Stunde. Die heute gekommen sind, jung und alt, wissen Bescheid. Sie brauchen nicht mehr umgestimmt zu werden. Und gleich nach den ersten Predigtworten spürt der Pfarrer (die Pfarrerin) die Woge der Sympathie, die ihm (ihr) aus der Gemeinde entgegenströmt. Die Menschen haben nachgedacht. Sie sind sich wieder bewußt geworden, daß Gottes Wort keine leere Formel ist, sondern Botschaft und Forderung. Pfarrer (Pfarrerin) Reindl vergißt den aufgesetzten Predigttext. Er (sie) spricht ganz frei. Von Gnade und Vergebung, gewiß, aber auch von Gottes Humor, von seinem lächelnden Verständnis für menschliche Schwächen, von seiner hilfreichen ausgestreckten Hand. Und zum Schluß stimmt er (sie), beinahe gegen seinen (ihren) Willen, noch „Stille Nacht, heilige Nacht" an – den Alten zuliebe, die an diesem Lied seit ihren Kindertagen hängen.

Achte Szene

Gemeinde singt „Stille Nacht, heilige Nacht", siehe Anhang, Seite 142.

Komm nicht mehr nach Bethlehem

Nach der gleichnamigen Geschichte von Werner Reiser.
Aus: „Die drei Gaben", Friedrich Reinhardt-Verlag, Basel. Rechte beim Autor.

Personen:	Judas
	Petrus
	Ein Hirte
	Der Gelähmte
	Zwei Frauen
	Zwei weitere Dorfbewohner(innen)
	Dorfbewohner(innen) ohne Sprechrollen in unbegrenzter Zahl (geeignet für jüngere Kinder)
Zum Spiel:	Ein Wegweiser mit zwei Hinweisschildern „Bethlehem" und „Jerusalem". Wegweiser Bethlehem zeigt auf Spielfläche. Als Hintergrund für die Spielfläche kann man ein großes Transparent mit der Silhouette einer jüdischen Stadt malen und/oder im Vordergrund einige bemalte Styroporquader als Steintrümmer postieren.
Biblischer Bezug:	Markus 10,32 ff.: Von der Krippe zum Kreuz.
Ungefähre Spieldauer:	15 Minuten

Erste Szene

Petrus und Judas laufen auf den Wegweiser zu.

Petrus: Judas, weißt du was, hier sind wir ganz nahe an Bethlehem. Ob wir da ...

Judas: Du meinst ..., wir sollten mal einen Abstecher in die Stadt seiner Geburt machen? Neugierig wäre ich auch!

Petrus: Schließlich steht uns diese Information zu.

Judas: Jawohl, uns, seinen Jüngern!

Petrus: Also komm, wir gehen mal hinein nach Bethlehem. Wenigstens wir beide müssen doch einmal den Ort gesehen haben, wo Jesus geboren wurde.

Petrus und Judas gehen langsam weiter. Ein Hirte mit Hut und Stab kommt auf sie zu.

Petrus: Das sieht nach einem Trümmerfeld aus.

Judas: Die Häuser müssen aber schon seit einiger Zeit zerstört oder abgebrochen worden sein.

Petrus: *Spricht zu dem Hirten.*
Sag, ist hier ein Unglück geschehen?

Hirte: *Nickt nur mit dem Kopf und schaut die Männer mißtrauisch an.*

Petrus: Ist jemand umgekommen dabei?

Hirte: Zu viele, viel zu viele!

Wendet sich von den beiden ab, bleibt aber auf der Spielfläche. Petrus und Judas gehen weiter. Von der anderen Seite kommen Dorfbewohner, die ihrer alltäglichen Arbeit nachgehen: Frauen mit Krügen, Männer mit Sägen und Holzbalken, Leute mit Körben; einige arbeiten, einige laufen hin und her.

Judas: Schalom!

Petrus: Schalom alle miteinander!

1. Frau: Schalom, ihr zwei, wollt ihr weiterreisen, oder kommt ihr zu einem von uns?

Petrus:	Wir kommen zu euch in euer Dorf.
2. Frau:	Zu wem wollt ihr denn?
Judas:	Wir suchen die Familie aus dem Stamme Davids.
Beide Frauen:	Die Davidsleute?

Sie legen erschrocken ihre Hände auf den Mund.

| Petrus: | Warum erschreckt ihr? Kennt ihr sie? |

Die Frauen schweigen, es tritt eine lange Pause ein. Ein Mann tritt nach vorne; sein rechter Arm ist gelähmt.

Gelähmter:	Es gibt hier niemanden, der so heißt.
Judas:	Das verstehe ich nicht. Keine Davidsleute hier in Bethlehem?
Gelämter:	*Erregt.* Nenne diesen Namen nicht mehr! Er hat Unglück über unser Dorf gebracht. Wir haben alle Davidsleute verjagt. Dort stand ihr Haus.

Zeigt mit dem Finger der linken Hand.

Wir selber haben es zerstört.

Petrus:	Wie bitte!?
Gelähmter:	Warum willst du das alles wissen? Das ist eine längst vergangene Geschichte!
Petrus:	Wann ist das denn geschehen?
1. Dorfbewohner(in):	*Kommt nach vorne.* Vor einem Menschenalter. Wir haben die Sache längst begraben. Und jetzt kommt ihr und grabt alles aus. Gehört ihr etwa zu den Davidsleuten und seid gekommen, um uns zu quälen?

Alle Dorfbewohner stehen auf, stellen sich im Halbkreis den beiden Jüngern gegenüber und machen drohende Gebärden.

| Petrus: | *Hebt beschwichtigend die Hände.*
 Wir sind hierher gekommen, weil wir einen kennen, der hier geboren ist. |
| Judas: | Ja! Er heißt Jesus. Könnt ihr euch noch an ihn erinnern? |

Gelähmter:	Und ob! Er ist der einzige, der hier zur Welt kam und nachher nicht mehr mit uns lebte.
2. Dorf-bewohner(in):	Wir kennen ihn nicht.
1. Frau:	Aber er ist schuld an unserem Unglück!
2. Frau:	Wer ist dieser Jesus überhaupt?
Judas:	Er ist der Sohn der Maria. Sie hat ihn hier in Bethlehem geboren.
Alle:	Das ist er!
	Alle weichen erschrocken zurück, je zwei flüstern aufgeregt miteinander.
Petrus:	Was habt ihr gegen ihn? Wißt ihr denn etwa nicht, wer er ist?
Judas:	Er ist der Prophet aus Galiläa!
Gelähmter:	Ihr wollt diesen Propheten kennen und wißt nicht, was hier geschehen ist? Wir werden es euch sagen. Hört gut zu!
2. Dorf-bewohner(in):	Als dieser Unheilsknabe geboren war, hielten wir ihn für den Erlöser. Wir meinten, der Himmel stehe uns jetzt offen!
1. Frau:	Ja, wir waren glücklich über seine Geburt und stolz auf unser Dorf.
2. Dorf-bewohner(in):	Wir erzählten es jedem, den wir trafen. Die Nachricht ging von Dorf zu Dorf.
2. Frau:	Immer mehr Leute kamen, um ihn zu sehen. Wir blühten mit ihm zusammen auf!
Gelähmter:	Und eines Morgens war er mitsamt seinen Eltern verschwunden. Die Verwandten sagten, ein Engel sei erschienen und habe sie an einen sicheren Ort geführt.
1. Frau:	Und gleich danach kamen die Soldaten des Herodes!
2. Frau:	Sie wollten den Kleinen, und als sie ihn nicht fanden, töteten sie alle Knaben.
1. Frau:	*Traurig.* Auch mein einziger Sohn war dabei.

1. Dorf- bewohner(in):	Und uns hat kein Engel weggeführt!
2. Dorf- bewohner(in):	Kein Engel hat unsere Kinder beschützt!
Gelähmter:	Ich habe mich den Soldaten entgegengeworfen. Schaut hier meinen zer- schlagenen Arm!
2. Dorf- bewohner(in):	Bis wir uns recht besinnen konnten, waren alle Kinder tot.
1. Frau:	Da wußten wir, daß dieser kleine Jesus niemals der Erlöser war.
Gelähmter:	Wir brannten vor Zorn. Aber wem sollten wir zürnen?
1. Dorf- bewohner(in):	Dem Herodes vielleicht?
2. Dorf- bewohner(in):	Oder dem Kleinen?
1. Frau:	Oder unserer falschen Hoffnung?
2. Frau:	Das kleine geflüchtete Kind konnte ja nichts dafür.
Gelähmter:	So blieben uns nur seine Verwandten. Sie hatten ihn beherbergt und mit ihren Worten unsere Hoffnung auf neue Zeiten genährt.
Alle:	Rache!
Gelähmter:	An ihnen konnten wir uns rächen. Deshalb haben wir sie verjagt und ihr Haus zerstört. *Läßt den Kopf hängen.* Erst später merkten wir, daß auch sie nicht schuld waren.
1. Dorf- bewohner(in):	*Läßt den Kopf hängen.* Wir selbst waren die Schuldigen. Wir hatten an dieses Kind geglaubt und jedem davon erzählt.
1. Frau:	*Läßt den Kopf hängen.* Wir hatten ihn zu unserer Hoffnung gemacht. Das war unser Verhängnis.

2. Frau:	Wir schenkten ihm alles, was wir hatten. Jetzt sind wir leer. Wir glauben und hoffen nichts mehr.
Gelähmter:	Wir haben uns an seinen Verwandten gerächt, weil wir über unseren Glauben zornig waren.

Alle ziehen sich ein Stück weit von den beiden Jüngern zurück, einige setzen sich wieder.

1. Dorf- bewohner(in):	Versteht ihr beiden nun, warum wir seinen Namen nicht mehr nennen?
2. Dorf- bewohner(in):	Für uns ist der Erlöser an jenem Tag gestorben, als die Soldaten des Herodes in unserem Dorf wüteten.
1. Frau:	Schaut uns kinderlose Mütter an. Schaut uns alle an und dann geht. Geht, und kommt nie mehr zurück nach Bethlehem!

Lange Stille. Petrus und Judas legen sich gegenseitig den Arm auf die Schulter.

Petrus:	Jesus ist jetzt erwachsen. Könnt ihr ihm nicht vergeben?
Judas:	Er ist wirklich der Erlöser, und er will euer Sohn und Bruder sein. Er wird euch dienen und euer Geschick mittragen. Er ist gerade auf dem Weg nach Jerusalem.

Petrus und Judas strecken ihre Arme den Dorfbewohnern versöhnlich entgegen.

Gelähmter:	*Stößt die beiden zurück.* Gebt uns lieber die Verlorenen zurück! Wenn euer Jesus der Erlöser sein will, dann soll er sie aufwecken und uns zurückbringen! Dann werden wir ihn als unseren Bruder annehmen!

Petrus und Judas schütteln traurig den Kopf.

1. Dorf- bewohner(in):	Sehr ihr, er wird es nicht können. Dann möchten wir mit ihm auch nichts zu tun haben. Verschwindet jetzt hier! Reizt unsere Verzweiflung nicht!
2. Dorf- bewohner(in):	Wenn ihr nicht sofort geht, werden wir euch steinigen!

Alle fangen an zu schreien, bücken sich pantomimisch, um Steine aufzuheben. Judas und Petrus kreuzen schützend die Arme vor ihrem Kopf und wenden sich um.

Alle: *Schreien ganz laut.*
                         Steinigt sie, steinigt sie!

Zweite Szene

Petrus und Judas gehen schnellen Schrittes davon und schauen sich dabei immer wieder um; sie gehen bis zum Wegweiser.

Petrus: *Schwer atmend.*   Komm, laß uns schnell nach Jerusalem eilen!

Judas: Ja, schnell! Vielleicht hat Jesus schon begonnen, die Umgekommenen im Namen ganz Israels zu rächen!

Petrus: Aber an wem soll er denn die Rache vollziehen, Herodes ist doch tot?

Judas: An all denen, die uns heute bedrücken, die schuld daran sind, daß in unserem Volk immer noch Söhne und Brüder umkommen!

Petrus: Du, Judas, ob Jesus so etwas vorhat? Es ist doch gerade Passah, da strömen alle nach Jerusalem. Dort trifft er doch die Volksfeinde am besten.

Judas: Richtig! Hat er nicht gesagt, Stunde und Ort seien günstig, er wird sein Leben einsetzen, um ganz Israel zu erlösen!

Petrus: Dann komm! Wir haben keine Zeit zu verlieren. Wir kennen jetzt den Ort, wo alles begann, wo der Erlöser geboren wurde. Jetzt wird es weitergehen!

Die Gemeinde singt das Lied „Zwei Bäume im Wald", siehe Anhang, Seite 141.

Entscheidungen treffen

Miriam und Maria

Nach der gleichnamigen Kurzgeschichte von Jochen Hoffbauer.
© Husum-Druck, Husum.

Personen:	Jochen
	Miriam (keine Sprechrolle)
	Maria
	Religionslehrer
	Vater
	Mutter
	Vier Mitschüler(innen)
	Wirt (Karl)
Zum Spiel:	Vier Schultische mit Stühlen, eine Schultafel, ein Brief. Wandkalender, auf dem groß die Jahreszahl 1938 zu lesen ist. – Das Spiel ist nur verständlich, wenn dem Publikum die geschichtlichen Hintergründe der Nazizeit bekannt sind.
Biblischer Bezug:	Römer 1,3: An Weihnachten wird ein Judenkind geboren.
Ungefähre Spieldauer:	15–20 Minuten

Erste Szene

Zu Hause am Tisch sitzen Vater und Mutter.

Jochen: Juchhu! Ich darf wieder den Joseph spielen. Unser Reli-Lehrer hat es mir heute gesagt.

Mutter: Bist du sicher, daß ihr überhaupt wieder ein Krippenspiel aufführt dieses Jahr?

Vater: Freu dich nicht zu früh, mein Junge!

Jochen: Wieso?

Vater: Wer weiß? Vielleicht findet euer Religionslehrer in diesem Jahr keine Maria?

Jochen: Ach was, wenn er *mich* fragt, dann nimmt er auch wieder die Miriam als Maria!

Mutter: Jochen, du weißt doch, daß Miriams Eltern Juden sind. Und die neue Regierung will nicht, daß Deutsche sich mit Juden abgeben.

Jochen: Aber wieso denn? Außerdem haben Miriams Eltern sich doch taufen lassen. Sie sind Christen wie wir auch.

Vater: Du hast recht! Miriams Eltern gehen bei uns zum Gottesdienst. Trotzdem bleiben sie von jüdischer Herkunft — nach den Gesetzen der Regierung.

Mutter: Wir sagen doch alle selbst immer noch „Miriam", obwohl Miriam seit ihrer Taufe „Maria" heißt — der deutsche Name für Miriam.

Jochen: Stimmt! Sogar unser Reli-Lehrer sagt noch Miriam zu ihr. — Aber ich glaube nicht, daß das etwas zu bedeuten hat. Hauptsache, wir beide spielen wieder Joseph und Maria!

Lied „Sonne der Gerechtigkeit", EKG 218, Vers 1, 3, 4 + 5.

Zweite Szene

Im Klassenzimmer findet die erste Probe für das Weihnachtsspiel statt.

Religionslehrer:	So, wie immer in der Adventszeit proben wir nach dem Religionsunterricht unser Weihnachtsspiel!
Jochen:	Und ich bin der Joseph, das haben Sie ja gesagt! Und — *Zeigt auf Miriam.* Die Miriam darf wieder die Maria spielen!
Religionslehrer:	In Ordnung! Die Hauptrollen sind in bewährten Händen. Und du, Zauser Karl, du könntest den Wirt spielen.
Karl:	Muß man da sehr viel sagen und — viel lernen?
Religionslehrer:	Das schaffst du! Du wirst sehen, du brauchst gar keinen Text zu lernen.
Karl:	Ja, aber wieso denn? — Ich dachte, ich sollte mitspielen, den Wirt.
Religionslehrer:	Eben deshalb! Der Wirt, der muß Joseph und Maria immer abweisen — und Worte, mit denen man Menschen abweist, die fallen einem meistens ganz von selber ein. Da muß kein Mensch lange überlegen, was er sagen will. Also, wir probieren das gleich einmal: Jochen und Miriam kommen einmal von rechts als Joseph und Maria.
	Gehen bis an den Rand der Spielfläche und laufen langsam auf Karl, den Wirt, zu.
Joseph:	*Klopft pantomimisch.*
Religionslehrer:	Karl, jetzt bist du dran.
Wirt:	Wer klopfet an?
Joseph:	Wir brauchen eine Bleibe für die Nacht!
Wirt:	Ich kann euch hier nicht brauchen!
Joseph:	Aber wir sind in Not! Meine Frau erwartet ein Kind!
Wirt:	Not hin, Not her! Ordnung muß sein. Unser Haus ist belegt. Schaut, daß ihr woanders bleiben könnt. Bei mir nicht!

Religionslehrer:	Siehst du Karl, wie dir die Worte eingefallen sind. Fast genauso wie im Original.

Also, es bleibt dabei, ihr drei spielt die Hauptrollen. Eure Texthefte zum Lernen habt ihr ja schon.

Und nun wie jedes Jahr zum Weihnachtsspiel noch ein neues Lied!

Lied „Freunde, daß der Mandelzweig", siehe Anhang, Seite 143.

Dritte Szene

Vier Tische, mit sieben Schülern besetzt; dabei sind Joseph, Maria und der Wirt. Die anderen vier spielen Hirten. Alle legen ihre Kostüme an.

Religionslehrer: Moment, Moment, Kinder! Setzt euch erst einmal wieder an die Tische. — Bevor wir heute mit der Probe anfangen, habe ich euch etwas zu sagen.

1. Mitschüler(in): Muß das Weihnachtsspiel ausfallen?

Religionslehrer: Nein! Wo denkst du hin!

Karl: Ist heute vielleicht keine Probe?

Religionslehrer: Jetzt beruhigt euch erst und hört mir zu!

Räuspert sich.

Die Miriam, wißt ihr, sie darf nicht mehr die Maria spielen.

Lange Pause.

Jochen: Aber — wir sind doch so gut aufeinander eingespielt!

2. Mitschüler(in): Hat sie etwas angestellt?

3. Mitschüler(in): Oder will sie vielleicht selbst nicht mehr? — He du! *Schubst Miriam an.* Sag doch auch mal etwas!

Jochen: Natürlich will sie noch mitspielen!

4. Mitschüler(in): Jetzt seid doch mal still! Der Lehrer soll uns sagen, warum sie nicht mehr die Maria spielt.

Religionslehrer:	Wißt ihr, Kinder, Miriam ist eine Jüdin. Und da geht es nicht, daß sie eine Hauptrolle spielt.
Jochen:	Als ob es meine Eltern schon geahnt hätten.
Karl:	Und warum ist das so? Warum darf man als Jude keine Hauptrolle spielen? Maria und Joseph waren doch selber Juden.
Religionslehrer:	*Unsicher, verlegen.* Das hängt mit dem neuen Deutschland zusammen und mit der schlimmen Nacht im vergangenen November und mit den Gesetzen in unserem Land.
Jochen:	Und was machen wir jetzt?
1. Mitschüler(in):	Richtig, was sollen wir jetzt tun?
2. Mitschüler(in):	Ohne die Miriam ist keine Maria in Sicht.
3. Mitschüler(in):	Und woher eine nehmen?
4. Mitschüler(in):	Also muß das Weihnachtsspiel dieses Jahr ausfallen!
Religionslehrer:	Ich habe mir bereits Gedanken gemacht. Maria Guntram wird die Rolle übernehmen. Sie hat schon zugesagt. Den Text, den sie sprechen muß, kann sie in den verbleibenden Tagen noch gut lernen. *Lied „Freunde, daß der Mandelzweig".*

Vierte Szene

Nach dem Lied steht Jochen langsam auf, geht ans Rednerpult und legt demonstrativ die Josephskleider ab.

Joseph:	*Manuskript auf Rednerpult.* Unser Weihnachtsspiel hat dann tatsächlich stattgefunden. Am Heiligabend in der Kirche. Die meisten Menschen in den Kirchenbänken merkten gar nicht, daß unter dem roten Gewand und unter dem blauen Kopftuch nicht Miriam steckte, sondern eine andere Maria. Eine Maria, die sich sehen lassen konnte.

Miriam hatte sich entschuldigen lassen. Sie nahm am Gottesdienst nicht teil. Es sei ihr nicht gut. Und ich vermißte sie nicht. Im Gegenteil! Ich war froh, daß sie unsere heitere Vorfreude nicht trübte mit ihrer Enttäuschung, mit ihrem blassen Gesicht.

Nach den Weihnachtsferien im neuen Jahr kam Miriam nicht wieder. Sie ging jetzt in eine andere Schule. In eine extra Schule für jüdische Kinder. Zu Ostern verließ ich selbst die Schule. Ich kam in die Lehre. Von Miriam sah und hörte ich nichts mehr in unserer Stadt. Auch Maria Guntram, die Ersatzmaria, verlor ich aus den Augen.

Viele Jahre später, nach dem Krieg erst, erfuhr ich dann, daß beide Mädchen umgekommen waren: Miriam in den Gaskammern von Auschwitz; Maria unter dem Bombenhagel in Dresden.

Die Nacht des 24. Dezember

Nach einer gleichnamigen Erzählung von Dino Buzzati.
Rechte beim Autor.

Personen:	Don Valentino, der Sekretär des Bischofs
	Ein Zerlumpter
	Die befreundete Familie (vier Personen)
	Der Bauer
	Der Engelchor (Gemeinde)
	Der Bischof (mit Bischofsmütze)
Zum Spiel:	Alle fünf Szenen ereignen sich auf der gleichen Spielfläche (im Dom, bei der Familie, auf dem Felde, auf der Heide, wieder im Dom). Aus der Perspektive der Zuschauer wird die Szene immer auf der rechten Seite verlassen und die neue Szene auf der linken Seite betreten. Für die Szene 2 (bei der Familie) braucht man einen Tisch mit vier Stühlen.
Biblischer Bezug:	Johannes 14,2a; Offenbarung 21,3: Gott wohnt, wo er will; nicht, wo wir wollen.
Ungefähre Spieldauer:	15 Minuten

Erste Szene

Don Valentino: *Geht zum Rednerpult; liest aus dem Kirchenbuch.*
Ich bin Don Valentino, der Sekretär seiner Exzellenz, des Bischofs. Er hat Vertrauen zu mir, und ich weiß viel von ihm. Auch ein Bischof schafft nicht alles alleine. Ich will nicht sagen, daß ich unentbehrlich wäre, aber wenn der Bischof mich nicht hätte...! Er braucht mich schon allein dafür, um bei den Leuten Mißverständnisse aufzuklären. Vor allem in der Weihnachtszeit. Viele fragen: Was tut der alte, abgezehrte Bischof am Weihnachtsabend ganz allein, wenn alle Leute in der Stadt das Fest feiern? Wird er schwermütig sein? Alle Menschen haben doch einen Trost, sagen sie. Das Kind die Eisenbahn, das Schwesterchen die Puppe, die Mutter die Kinder, der Kranke neue Hoffnung, aber was wird der Bischof tun am Weihnachtsabend? Und da muß ich den Leuten eben sagen: Seht ihr, wenn er mutterseelenallein inmitten der eisigen leeren Kirche kniet, könnte das auf den ersten Blick Mitleid erwecken. Aber, mutterseelenallein ist er eben nicht. Er friert nicht einmal. Er fühlt sich nicht verlassen. Denn der Bischof hat Gott. Am Weihnachtsabend schwebt Gott in der Kirche für den Bischof, und die ganzen Kirchenschiffe quellen buchstäblich über von Gott.

Geht suchend hin und her.
Und ich bin eben gerade dabei, wieder einen geeigneten Platz für den Gebetsstuhl des Bischofs hier in der Kirche zu suchen. Tja, ein Gebetsstuhl. Das ist etwas anderes als Weihnachtsbäume, Truthühner und Schaumwein.

Lautes Klopfen. Don Valentino wird aufmerksam. Er geht zur Tür. Dabei spricht er.
Wer klopft denn am Weihnachtsabend noch an die Kirchentür? Haben die Leute noch nicht genug gebetet? Was für eine Sucht hat sie ergriffen?

Zweite Szene

Ein Zerlumpter erscheint am Rande der Spielfläche.

Zerlumpter: *Strahlend.* Ja! Hier ist Gott. Hier ist viel von Gott.

Schaut sich nach allen Richtungen um.

Wieviel Schönheit! Man spürt es sogar von draußen. Monsignore, könnten Sie mir nicht ein wenig davon geben? Bitte denken Sie, es ist Heiligabend.

Don Valentino: Tut mir leid! Das gehört dem Bischof. Er braucht es in wenigen Stunden. Der Bischof lebt bereits wie ein Heiliger, und nun wirst du doch nicht verlangen, daß er auch noch auf Gott verzichtet? Und außerdem bin ich niemals Monsignore gewesen.

Zerlumpter: *Eindringlich.*
                  Und auch nicht ein kleines bißchen könnten Sie mir geben, Hochwürden? Es ist doch soviel davon da! – Der Bischof, er würde es nicht einmal merken.

Don Valentino: Nein hab' ich gesagt ... Du kannst gehen ... Der Dom ist für die Allgemeinheit geschlossen!

Während dieser Worte nimmt Don Valentino den Zerlumpten am Arm, führt ihn hinaus und überreicht ihm dabei einen Geldschein.

Don Valentino: *Kehrt wieder zur Mitte der Spielfläche zurück, ist entsetzt.*
                  Himmel! Wo ist Gott hin verschwunden? Auf einmal kann ich ihn nicht mehr sehen! Wo ist er denn hingekommen, eben war er doch noch da?! Diese schöne Kirche – sonst so geheimnisvoll und mächtig – jetzt ist sie auf einmal düster und ungastlich. Und in ein paar Stunden soll der Bischof kommen. Auf einmal ist keine Spur mehr von Gott, obwohl es Weihnachten ist. Ich muß nach ihm suchen gehen!

Don Valentino geht ab.

Dritte Szene

Familie tritt auf, trägt ihren Tisch und die Stühle herein, stellt beides auf und nimmt Platz.

Don Valentino: *Betritt von der anderen Seite wieder die Szene.*
                  Ich glaube, das ist die richtige Adresse!

Vater:	Frohe Weihnachten, Hochwürden!
Don Valentino:	Ja, bei euch ist ein wenig von Gott!
Mutter:	Wollen Sie nicht unser Gast sein?
Don Valentino:	Ich habe Eile, ihr Freunde. Durch eine Unachtsamkeit meinerseits hat Gott den Dom verlassen. Und der Bischof kommt gleich zum Gebet. Könnt ihr mir nicht euren Herrgott geben? Ihr seid ja in Gesellschaft und braucht ihn nicht so unbedingt.
Kinder:	*Gleichzeitig.* Was sollen wir hergeben?
Vater:	Mein lieber Don Valentino, Sie vergessen, daß heute Weihnachten ist. Gerade heute sollen meine Kinder ohne Gott auskommen? Ich wundere mich, Don Valentino!
1. Kind:	Ich glaube, eben ist Gott aus dem Haus hinausgeschlüpft!
2. Kind:	Jetzt freue ich mich überhaupt nicht mehr auf das Essen!
Mutter:	Was tun wir jetzt?
Don Valentino:	Jetzt ist Gott schon wieder weg! *Verläßt die Szene eiligst.*

Vierte Szene

Der Bauer betritt die Spielfläche. Don Valentino folgt fast unmittelbar.

Don Valentino:	Hier über den Feldern und Wiesen habe ich eben Gott wieder entdeckt! Da ist er! *Don Valentino sinkt auf die Knie.*
Bauer:	*Dreht sich um.* Aber was machen Sie denn, Hochwürden? Wollen Sie sich in dieser Kälte eine Krankheit holen?

Don Valentino:	Schau, da vorne, mein Sohn! Siehst du nicht?
Bauer:	*Dreht sich um und schaut ohne besonderes Erstaunen.* Der gehört uns. Jede Weihnacht kommt er. Er segnet unsere Felder.
Don Valentino:	Hör zu, könntest du mir nicht ein wenig davon abgeben?

Erhebt sich wieder.

Wir sind in der Stadt ohne Gott geblieben. Sogar die Kirchen sind leer. Gib mir ein wenig davon ab, damit der Bischof wenigstens ein anständiges Weihnachten feiern kann.

Bauer:	Fällt mir nicht im Traume ein, lieber Hochwürden. Wer weiß, was für ekelhafte Sünden ihr in der Stadt begangen habt. Das ist eure Schuld.
Don Valentino:	Gewiß, es ist gesündigt worden. Wer sündigt nicht? Aber du kannst viele Seelen retten, mein Sohn, wenn du nur Ja sagst.
Bauer:	*Lacht höhnisch.* Ich habe genug mit der Rettung meiner eigenen zu tun!
Don Valentino:	Da hast du's! Schon ist Gott über deinen Feldern verschwunden. Und jetzt hat ihn wieder keiner von uns.

Don Valentino eilt von der Spielfläche. Der Bauer verläßt langsam die Szene.

Fünfte Szene

Don Valentino erscheint von der anderen Seite der Spielfläche.

Don Valentino:	*Suchender Blick.* Gott scheint sehr selten zu werden in unserer Zeit. Wer ein bißchen davon besitzt, will nichts hergeben. In dem Augenblick, da er mit Nein antwortet, verschwindet Gott sogar. Und so entfernt er sich immer weiter. — Da! *Erregt.* Wer hätte das gedacht? Hier in dieser grenzenlosen Heide! Dort! *Don Valentino zeigt.* Am fernen Horizont. Wieder leuchtet etwas von Gott auf!

Don Valentino wirft sich auf den Boden.

Warte auf mich, o Herr! Durch meine Schuld ist der Bischof heute allein geblieben. Ich bin auf der Suche nach Dir. Ich bin schon fast erfroren. Ich kann es nicht mehr lange aushalten. Bitte, Gott! Bitte!

Gemeinde singt „Wenn die Engel heut' kämen!", siehe Anhang, Seite 144. Während des Liedes geht Don Valentino als gebrochener Mensch ab.

Sechste Szene

Don Valentino:	*Betritt die Szene; schwach und verwirrt.*

Betritt die Szene; schwach und verwirrt.
Während des Liedes geht der Bischof bis zur Mitte der Spielfläche, am besten vor den Altar. Betend kniet er sich mit dem Rücken zur Gemeinde nieder.
Wo bin ich denn hier? Ist das etwa wieder eine Kirche!? Ja, dort betet ein Bruder von mir.

Don Valentino: *Seufzend.*
Bruder, habe Mitleid mit mir. Mein Bischof ist durch meine Schuld allein geblieben und braucht Gott. Gib du mir ein bißchen von ihm, ich bitte dich.

Bischof: *Dreht sich ganz langsam um und steht auf. Don Valentino erstarrt vor Überraschung.*
Ein gesegnetes Weihnachten dir, Don Valentino!

Bischof geht Don Valentino entgegen.

Schau, hier sind wir doch ganz von Gott umgeben. Und du, mein Junge, wo bist du nur hingelaufen? Was hast du um Himmels willen in dieser bärenkalten Nacht da draußen gesucht?

Der Anruf

Nach einer gleichnamigen Erzählung von Gerd Schimansky.
Aus: Frank, „In der Weihnachtsstadt", 1977, © Agentur des Rauhen Hauses, Norderstedt.

Personen: Rektor Pahl
                             Almuth, seine Tochter
                             Frau Pahl
                             Die Großmutter
                             Kleiner Sohn

Zum Spiel: Ein Weihnachtsbaum, etwas Baumschmuck, eine Bockleiter, Tisch
                             oder Schrank mit Telefon. Telefon und Weihnachtsbaum stehen sich
                             gegenüber. Das Manuskript für Pahl liegt auf dem Telefonbuch.

Biblischer Bezug: Römer 1,16a: Wann bin ich Christ?

Ungefähre Spieldauer: 15–20 Minuten

Erste Szene

Rektor Pahl steht auf der Leiter und schmückt den Weihnachtsbaum, das Telefon läutet — muß nicht unbedingt hörbar sein —, Tochter Almuth kommt herein, nimmt den Hörer ab.

Almuth: Vater, Telefon!

Rektor Pahl winkt noch einen Moment ab, er möchte noch einen Strohstern befestigen. Almuth läuft ungeduldig zum Vater hinüber.

Nun komm doch mal! Hörst du! Da ist ganz wer Komisches dran.

Rektor Pahl: Ganz wer Komisches? *Steigt von der Leiter.* Ja, wer denn? Hat er seinen Namen nicht genannt?

Almuth: *Schüttelt den Kopf mit unheilverkündender Heiterkeit.*
Der ist betrunken, glaub ich, oder — *Sie tippt sich an die Stirn.* Der ist plemplem.

Rektor Pahl: *Nimmt den Hörer in die Hand.*
Ja bitte! Hier Pahl!

Hält den Hörer etwas vom Ohr ab.

Richtig, Pahl! — Ob ich was bin? Das verstehe ich nicht. Wie meinen Sie das? Christ? Haben Sie Christ gesagt? Was soll das heißen?
Wer sind Sie überhaupt? Hier ist Pahl, Rektor Pahl.
Ach so, Sie fragen mich, ob ich ein Christ bin, hmm.
Hören Sie mal, was geht Sie denn das an... und, wie heißen Sie denn überhaupt? Wer sind Sie denn?
Ach? Das tut nichts zur Sache? Von mir wollen Sie am Weihnachtsabend wissen, ob ich ein Christ bin, und Sie möchten mir Ihren Namen nicht einmal nennen!

Almuth: *Tritt näher, verzieht vielsagend das Gesicht.*
Hab ich's nicht gleich gesagt?!

Entfernt mit spöttisch gezierter Handbewegung einen Lamettafaden von der Schulter des kopfschüttelnden Vaters und ist weiter ganz Ohr.

Rektor Pahl:	Sie halten das wohl für eine Kleinigkeit? Sie wollen einfach nur mal wissen, ob ich ein Christ bin, ob ich ein Christ bin?
	Hören Sie, gut, gut, jawohl, unterhalten können wir uns gerne einmal darüber.
Almuth:	*Schnippisch.* Gerne! Sehr gerne!
Rektor Pahl:	*Schiebt Almuth von sich weg.*
	Aber Sie werden doch verstehen — heute! — es ist Heiligabend! Wir stecken noch mitten in den Vorbereitungen, wir erwarten Besuch ...
Almuth:	*Hustet dreimal ähä, ähä, ähä.*
Rektor Pahl:	Was? Deshalb bin ich kein Christ? Warum nicht? *Pause.*
	Weil ich Vorbereitungen treffe? Weil ich Besuch erwarte?
	Almuth hält ihr Ohr ganz nah an den Hörer und schaut erwartungsvoll. Der Vater winkt sie vergeblich von sich weg.
Rektor Pahl:	*Entschieden.* Im übrigen ist das eine sehr ungewöhnliche Frage, besonders, wenn sie ein Fremder stellt, einer, der nicht einmal seinen Namen nennen will.
Almuth:	Weißt du was, Vater, das ist sicher der Erzengel Gabriel.
Rektor Pahl:	*Stampft mit dem Fuß und schaut seine Tochter ärgerlich an.*
	Ja, wieso? Sind Sie denn in Not? Ich meine, brauchen Sie etwas? *Pause.*
	Ich kann Ihnen die Nummer ... des Pfarrers ... bitte? Bitte? *Pause.*
	Welche Nummer haben Sie denn überhaupt gewählt? — Sind Sie sicher, daß Sie nicht falsch gew ... Wie? Was sagen Sie? — Auf der Durchreise? Brauchen Sie vielleicht Geld? Von wo aus rufen Sie denn überhaupt an? *Pause.*
	So, ist alles uninteressant, Sie wollen nur hören, ob ich Christ bin.
	Rektor Pahl hält mit der Hand die Sprechmuschel zu und spricht zu seiner Tochter gewandt, die dabei ein paar Schritte zurückgeht.
	Ob das ein Geisteskranker ist? Der hat eine fixe Idee! Vielleicht leidet er unter einem Wiederholungszwang? Ich kenn' mich da nicht aus.
Almuth:	Wie wär's denn mit dem Scherz eines Schülers? Vielleicht hat einer deiner Schüler dieses Gespräch angezettelt und steht jetzt kichernd daneben. Du kennst ja die vom neunten Schuljahr.

Rektor Pahl:	*Gibt die Sprechmuschel wieder frei.* Also, lieber Herr — *Abschließender Tonfall.* Entweder Sie nennen mir jetzt Ihren Namen — Ihren Namen — oder, oder Sie sagen zumindest, woher Sie eigentlich anrufen! Bitte? — Gut, dann verraten Sie mir, wie Sie ausgerechnet auf mich gekommen sind, oder ich mache jetzt — wieso? — Schluß, Schluß mit diesem ...
Almuth:	Was ist jetzt? Ist er weg? Hat er Schluß gemacht?
Rektor Pahl:	*Tippt einige Male auf die Gabel.* Hallo, hallo! Hören Sie noch? Sind Sie noch dran? Haben Sie Atembeschwerden? Schluchzen Sie? Hören Sie, wenn Sie, wenn Sie natürlich besondere Gründe haben, warum Sie ausgerechnet heute abend ...
Almuth:	Streng dich nicht an, Vater! Der hat schon 'ne ganze Weile aufgelegt.
Rektor Pahl:	Jetzt hat er aufgelegt! Oder das Gespräch ist unterbrochen worden?!
Almuth:	Wart's ab, der ruft wieder an! In fünf Minuten spätestens hast du den wieder an der Strippe.

Zweite Szene

Rektor Pahl geht achselzuckend wieder zum Baum zurück und schmückt weiter.

Almuth:	*Verläßt langsam die Spielfläche.* Du mußt dich aber jetzt beeilen, wenn du noch zur Christvesper fertig sein möchtest.

Frau Pahl, die Großmutter und der kleine Sohn betreten die Spielfläche.

Frau Pahl:	Ja, du bist ja immer noch nicht fertig mit dem Baum.
Großmutter:	Was ist denn dieses Jahr mit dir los, mein Sohn?
Kleiner Sohn:	*Läuft zum Weihnachtsbaum hinüber.* Darf ich dir noch etwas helfen, Pappi, dann geht's schneller!

Rektor Pahl:	Nein, nein, geh du nur ...
Großmutter:	Komm, du gehst mit uns in die Kirche.
Frau Pahl:	Natürlich! Wir gehen alle miteinander zur Christvesper!
Almuth:	*Kommt wieder dazu.* Beeilt euch, die Glocken läuten bereits!
Rektor Pahl:	Herrschaften, ich komme dieses Jahr nicht mit.
Großmutter:	Wie?
Frau Pahl:	Ist dir nicht wohl? Du siehst so blaß aus!
Rektor Pahl:	Ich, ich fühle mich nicht besonders.
Almuth:	*Spöttisch.* Wartest du vielleicht noch auf einen Anruf?
	Der Vater antwortet nicht mehr und wendet sich wieder dem Weihnachtsbaum zu.
Frau Pahl:	*Hakt die Großmutter ein und nimmt den Kleinen an die Hand.* Kommt, wir gehen! Vielleicht kommt er noch nach. Jetzt muß man ihm mal seine Ruhe lassen.
Kleiner Sohn:	Schade!!!

Dritte Szene

Rektor Pahl verläßt die Leiter, geht zum Telefon und wählt.

Rektor Pahl:	Ja, hallo, ist dort das Fernmeldeamt? Hier Pahl, Rektor Pahl. Sagen Sie, bitte, könnten Sie feststellen, wer vor wenigen Minuten meinen Apparat hier angerufen hat? — Schwierig!? 845885. Ja, jawohl! *Pause.* Bitte! Leider nicht! Könnten Sie wenigstens feststellen, ob es ein Orts- oder ein Ferngespräch war? — Auch nicht! Schade! Vielen Dank.
	Legt den Hörer wieder auf. Läßt die Hand am Telefon, zögert, nimmt den Hörer wieder ab und wählt. Er unterbricht das Wählen und legt wieder auf. Er horcht auf, wendet sich dem Publikum zu.

Rektor Pahl:	Um Himmels willen! Auch das noch! Das war doch die Sirene eines Unfall-wagens. Ob das mit, mit … meinem … dem Anrufer zusammenhängt?

Hält die Hand über die Augen.

Und dann noch ein solches Schneetreiben! Eiskalt!

Rektor Pahl geht eilig zum Telefon zurück, blättert hastig im Telefonbuch, findet eine Nummer, nimmt den Hörer ab und wählt erneut.

Rektor Pahl:	Guten Abend, ich möchte gerne wissen, ob zu Ihnen ein Unfallwagen ge-fahren ist. — Dort ist doch das Städtische Krankenhaus? Ja, deshalb meine Frage: Ist bei Ihnen jemand eingeliefert worden, der gerade einen Unfall hatte? — Ja, gut. Ich warte.

Pause, Pahl bewegt sich unruhig.

Wie, wie bitte? Noch nicht zurück, der Wagen? Aber weggefahren ist einer! Und Sie wissen nicht zufällig, wohin er gerufen wurde? O ja, versuchen Sie das doch bitte herauszubekommen. Sehr freundlich. Sehr freundlich.

Pause, Pahl ist unruhig, hält wieder die Sprechmuschel zu.

Vielleicht war das doch der Anrufer, dem jetzt etwas passiert ist! Sind Sie Christ!?!? Sind Sie Christ!? Vielleicht hat er gemeint, wenn ja, dann habe ich wenigstens einen gefunden, der mir helfen kann, wenigstens am Heiligen Abend … —

Pahl gibt die Sprechmuschel frei.

Ja? Ist sogar schon eingeliefert worden, im Moment! Aha! Personalien? Noch nicht festgestellt, wer es ist. Besteht Lebensgefahr? Bitte? — Anschei-nend nicht? Anscheinend? — Ach so, die Untersuchung ist noch im Gange. Sagen Sie, weiß man vielleicht wenigstens, ob es ein Unfall war oder … Ja, gut, ich bedanke mich.

Pahl legt unsicher den Hörer wieder auf.

Vierte Szene

Der kleine Sohn kommt hereingerannt, die drei anderen kommen zeitversetzt hinterher, haben sich gegenseitig eingehängt und summen fröhlich „O du fröhliche".

Kleiner Sohn: Hallo, Pappi, haben wir jetzt bald die Bescherung?

Rektor Pahl wendet sich vom Telefon der Familie zu, sein kleiner Sohn nimmt ihn an der Hand.

Almuth: *Mit erhobenem Zeigefinger.*
Nun, lieber Herr Pahl! Herr Rektor sind dieses Jahr nicht in der Kirche gewesen zu Weihnachten! Sagen Sie, sind Sie überhaupt Christ?

Rektor Pahl: *Wendet sich langsam der Gemeinde zu, seinen Sohn an der Hand, nachdenklich.*
Gute Frage — wirklich eine gute Frage. Bin ich überhaupt Christ?

Jetzt ganz der Gemeinde zugewandt.

Sind wir überhaupt Christen? —
Seid Ihr Christen . . .?

Zweite Variante der Schlußszene

Der kleine Sohn kommt herein. Die Familie kommt „O du fröhliche" summend nach. Vater wendet sich vom Telefon der Familie zu.

Frau Pahl: O, der Baum ist ja immer noch nicht fertig geschmückt!

Kleiner Sohn: Schade! Da können wir ja noch gar keine Bescherung haben!

Großmutter: Was hast du denn die ganze Zeit gemacht?

Rektor Pahl setzt gerade zum Reden an, da kommt ihm Almuth zuvor.

Almuth: Nein, Vater hat diesen Heiligabend keine Zeit für uns! Er hat den ganzen Nachmittag überlegt, ob er ein Christ ist!

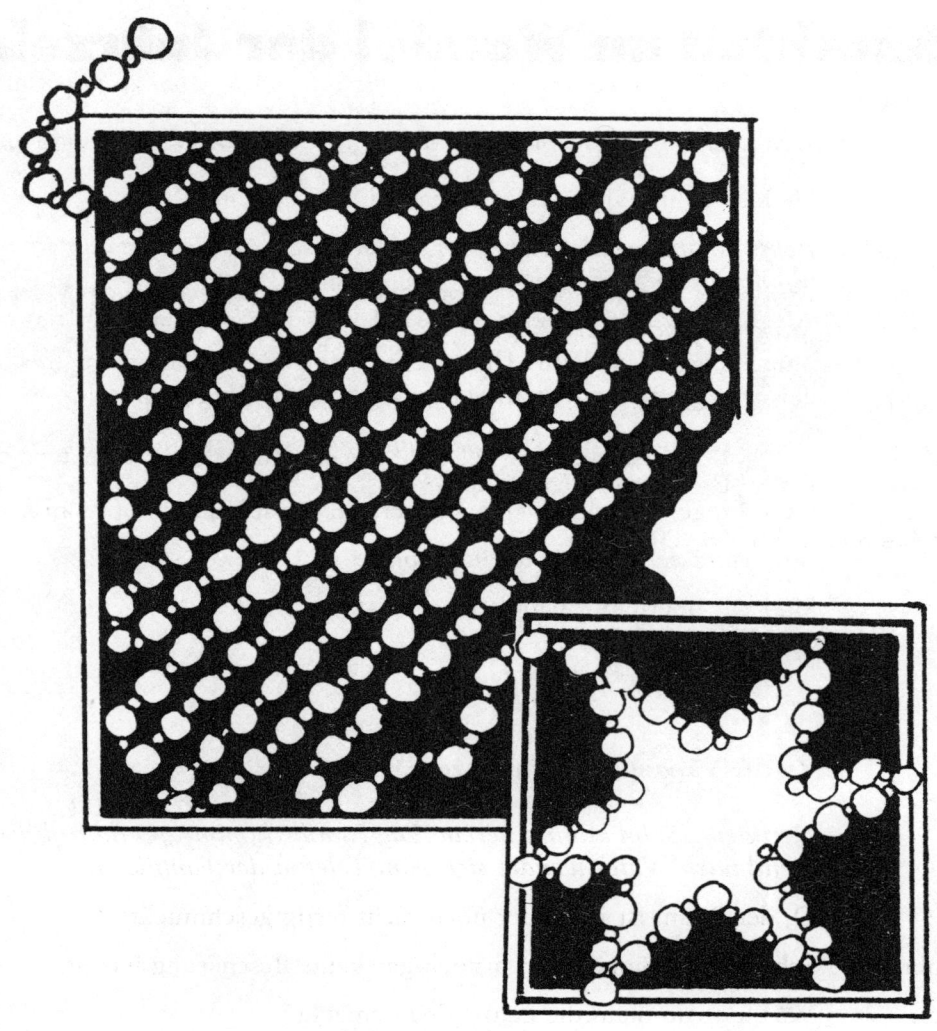

Traditionen wandeln?

Weihnachten im Wandel der Jahrzehnte

Eine Sprechmotette nach den Tagebuchblättern der Frau Elisabeth Müller von Thaddäus Troll.

Personen:	Zehn Sprecherinnen. Man kann mit weniger auskommen, wenn gleiche Sprecherinnen mehrere Rollen übernehmen. Sie lesen aus einem Tagebuch.
Zum Spiel:	Jede Sprecherin ist dem Jahrzehnt entsprechend gekleidet.
Thema:	Das Weihnachtsfest bekommt seine entscheidende Bedeutung durch Ereignisse im Familienleben.
Ungefähre Spieldauer: 15–20 Minuten	

1. Sprecherin: *Trägt weiße Polobluse, um Kragen Wollkordel mit Pompons.*
25. Dezember 1930.
Erstes Weihnachtsfest im eigenen Heim nach meiner Hochzeit mit Theo.
Ich habe ihm einen Pullover gestrickt, er hat mir eine Platte von Marlene
Dietrich geschenkt. Die Bescherung war so heimelig und gemütlich! Um
Mitternacht waren wir bei der Christmette. Wochenlang habe ich für eine
Weihnachtsgans gespart und mir was vom Wirtschaftsgeld dafür abge-
zwackt. Aber das blöde Vieh wurde außen schwarz und innen hart. Haben
wir gelacht! Wie die Wilden haben wir die Kruste abgezogen und sie zu
Rotkohl und Kartoffelklößen gegessen. Und nun werde ich den Rest des
Gänseleichnams weichkochen und wenn nötig durch den Wolf drehen.

2. Sprecherin: *Trägt Königin-Christine-Kragen oder Florentinerhut – aus Panamastroh –
mit geblümtem Stoffband.*
25. Dezember 1934.
Theo hat sich hingelegt und liest in den „Buddenbrooks", die ich mit List
und Tücke für ihn bekommen habe. Heini war süß! Mit seinen Patschhänd-
chen wollte er immer in die Kerzen fassen und hat so gestrahlt! In zwei
Jahren wird ihm schon die Weihnachtsgans schmecken. Sie war diesmal
auch besonders zart und knusprig, und die glasierten Maronen dazu waren
delikat. Ich wollte sie bei Goldstein kaufen, aber davor standen zwei Männer
in Uniform mit einem Plakat „Deutsche, kauft nicht bei Juden!". So etwas
finde ich nicht richtig! Weil sie so drohend guckten, habe ich dann doch
bei Dietrichs eingekauft. Die Gans war auch nicht schlecht und so groß,
daß der Rest noch für zwei Mahlzeiten reicht.

3. Sprecherin: *Kleidung des Frauenarbeitsdienstes: naturfarbene Windjacke mit brauner
Baskenmütze und genagelten Schuhen.*
25. Dezember 1939.
Das war ein trauriges Fest ohne Theo. Aber die Kinder waren glücklich.
Heini hat ein Gedicht aufgesagt: „Das deutsche Julfest", das er in der Schule
gelernt hat. Heidrun hat mir einen Weihnachtsengel gemalt. Ich habe meine
Fleischration gespart, und so hat es zu einem Festbraten gereicht. Die Kinder
waren selig. Es gab eine Flasche Wein als Sonderzuteilung. Die wird für
Silvester aufgehoben, wenn Theo in Urlaub kommt. Er ist zur Zeit in Polen.
Der Krieg scheint ja aus zu sein. Er will eine Gans mitbringen – es gibt ein

Festessen zu Neujahr! Na, nächstes Jahr werden wir wohl alle zusammen wieder friedliche Weihnachten feiern.

4. Sprecherin: *Hut mit Tüllschleier, auf der Rückseite gebunden.*
25. Dezember 1944.
Eine Nacht ohne Fliegeralarm! Das war das schönste Weihnachtsgeschenk! Wo Theo den Heiligen Abend verbracht hat? Vielleicht gar nicht weit von hier — die Front ist ja keine zweihundert Kilometer entfernt. Bald sei der Krieg zu Ende, hat er in seinem letzten Brief geschrieben, und wenn wir ihn überlebten, dann sei eins sicher: Nach dem, was geschehen sei, dürften wir Deutschen uns nie mehr im Ausland sehen lassen. Aber was brauchen wir ins Ausland, wenn nur alles gut vorübergeht! Ich bin nach einer Leberwurst angestanden. Heini ist bei einer Trümmerräumkolonne und hat eine Dose Sauerkraut zugeteilt bekommen. Heidrun bekam von den Großeltern sechs Äpfel. Ich hatte noch ein paar Kartoffeln, und heute früh gab es zwei Stunden lang Gas. Ich habe uns ein Festmahl gekocht. Hoffentlich hat Theo das Feldpostpäckchen bekommen. Zweihundert Gramm Schweineschmalz konnte ich für ihn als Weihnachtsgeschenk ergattern!

5. Sprecherin: *Kleidung der Trümmerfrau: Kopftuch zum Turban gebunden, Arbeitsschürze, derbes Schuhwerk.*
25. Dezember 1947.
War das ein schönes und friedliches Weihnachtsfest! Theo hat uns eine Riesenfreude gemacht: Er schenkte uns Theaterkarten für die „Fledermaus" an Silvester. Er hat Beziehungen zu einem Mann an der Kasse und gab ihm dafür seine Zigarettenration für diesen Monat. Und ich habe die Familie mit einem Suppenhuhn überrascht. Bin aufs Land gefahren und habe es gegen meine goldene Granatbrosche eingetauscht. Und dazu noch zehn Eier bekommen — ein toller Tausch! Wer hätte das vor ein paar Jahren gedacht, daß man wieder so schön Weihnachten feiern könnte!

6. Sprecherin: *Lange Zöpfe mit großen eingebundenen Schleifen.*
25. Dezember 1952
Das Fest war recht hübsch: Heidrun bekam eine Pelzjacke und Heini sein ersehntes Moped. Und dann machte Theo der Familie ein schönes Geschenk: Ostern fahren wir alle vier nach Italien. Die Devisenzuteilung ist so gut wie sicher, und das Visum werden wir schon bekommen. Die Kinder freuen sich

wie verrückt, sie waren noch nie in ihrem Leben im Ausland. Das Weihnachtsmenü war delikat: Lachs, Ochsenschwanzsuppe, die übliche Weihnachtsgans und tiefgekühlte Erdbeeren mit Schlagsahne. Jetzt wartet unser süßes kleines Wägelchen vor der Tür, um uns zum Verdauungsspaziergang auszuführen.

7. Sprecherin: *Petticoat, Pferdeschwanzfrisur.*
25. Dezember 1960.
Weihnachten auf See! Ich liege auf Deck der „Esperanza" und blinzle in die Sonne. Zum ersten Mal, daß die Familie nicht zusammen feiert. Aber Heini wollte mit Dagmar nach Arosa, und Heidrun ist von Jackys Eltern in ihren Bungalow nach Kitzbühl eingeladen. Morgen laufen wir die Kanarischen Inseln an. Das Weihnachtsfest an Bord war recht elegant, aber nicht gemütlich. Für so etwas haben die Italiener eben zu wenig Kultur. Theo hat mir ein recht repräsentatives Armband mit Rubinen und kleinen Diamanten geschenkt. Das Galadinner war mir zu üppig. Gans verträgt man nicht mehr so recht, und vom Puter habe ich nur ein Stückchen genommen. Aber der Hummer war vorzüglich!

8. Sprecherin: *Plateauschuhe, knieenge Hosen mit weitem Schlag.*
25. Dezember 1965.
Auch dieses Fest wäre so gut wie überstanden! Es wirft die ganze Kalorientabelle durcheinander. Nachdem Theo im vorigen Jahr die böse Gallenkolik bekommen hat, gab es diesmal nur ein kleines Frühstück, das ich mir vom „Kaiserhof" schicken ließ. Aber der rote Kaviar ist doch lange nicht so gut wie der schwarze. Theo hat mir einen Hirsch in der Hohen Tatra geschossen. Das Fleisch ließ er natürlich den armen Leuten hinterm Eisernen Vorhang, aber die Trophäe macht sich gut im Jagdzimmer. Der Heilige Abend war recht stimmungsvoll, dieses Jahr haben sich die Fernsehfritzen wirklich Mühe mit dem Programm gegeben. Schade, ich wäre heute gern mit dem neuen 600er ein wenig rausgefahren – aber Theo meint, bei dem Gewusel auf den Straßen sei das zu strapaziös. Die Kinder haben uns hübsche Festtelegramme geschickt. Nach den Feiertagen werde ich vielleicht kurz zu Heidrun fliegen. Mit Theo ist da ja doch nichts los, schon übermorgen beginnen die neuen Tarifverhandlungen und die Feilscherei um die Fusion mit der Buntmetall-AG. Nicht einmal zwischen den Jahren hat man seine Ruhe.

9. Sprecherin: *Minirock.*
                   25. Dezember 1973
                   Haben wir uns auf Weihnachten gefreut! Nachdem dieses große nationale
                   Unglück über uns gekommen ist, indem uns die Araber weniger Öl lieferten,
                   so daß wir vier Sonntage lang das Opfer bringen mußten, unsere kostbare
                   Freizeit ohne Auto zu gestalten, habe ich für Theo zu Weihnachten eine
                   Badewanne voll Benzin gehamstert. Leider ist das wertvolle Geschenk in
                   der Garage explodiert, als Theo sich eine Zigarette anzündete. Der Ärmste
                   liegt nun im Krankenhaus und ist hoffentlich an Silvester wieder bei Bewußt-
                   sein. – Aber dem Wagen ist glücklicherweise nichts geschehen.
                   Obwohl das Weihnachtsgeschäft nichts zu wünschen übrig ließ, hat doch
                   die Pleite der Buntmetall das Fest arg überschattet. Der 600er wurde gegen
                   einen schlichten 300er eingetauscht, die Firma gab keine Gratifikationen,
                   und wir mußten uns auch mit den Geschenken etwas einschränken. Ich habe
                   das Rauchen aufgegeben. Heidrun hat ihrem Mann endlich einen Sohn
                   geschenkt. Wie freue ich mich darauf, bis der Kleine Weihnachten so richtig
                   erleben kann wie unsereins! Dann werden wir die Langspielplatte mit den
                   Weihnachtsliedern von Heintje nicht mehr spielen, sondern selber singen
                   und einen richtigen Tannenbaum mit richtigen Kerzen statt der elektrisch
                   beleuchteten Zeder aufstellen. Nachdem Theo jetzt die Gallenoperation und
                   ich die Zahnsanierung hinter mir habe, kann man im nächsten Jahr vielleicht
                   wieder an eine richtige Weihnachtsgans denken!

10. Sprecherin: *Aktuelle Kleidung des Jahres.*
                   25. Dezember 1989.
                   In diesem Jahr verzichteten wir auf das gegenseitige Beschenken. Heini und
                   Heidrun und die Enkel haben alles, was sie brauchen. Sie sind wesentlich
                   schneller zu etwas gekommen als wir vor 60 Jahren. Wenn ich an unsere
                   Hochzeit 1930 denke! Jetzt steht die Diamantene Hochzeit vor der Tür; im
                   nächsten Jahr. Deshalb traten wir auch diese Weihnachten etwas kürzer.
                   Man hat ja seine Verpflichtungen zum Ehejubiläum. Das geht ganz schön
                   ins Geld. Wir haben sparen gelernt. Das legt man nicht mehr ab. Aber selbst
                   bei den leicht verträglichen Delikatessen muß man achtgeben, daß man mit
                   den Tierschützern nicht in Konflikt gerät. Sie haben ja irgendwo recht. Und
                   überhaupt, wo in anderen Ländern die Menschen hungern, wer will sich da

protzige Geschenke machen. Manche empfanden im vergangenen Jahr Gorbatschow, den russischen Generalsekretär, als einen Friedensengel. Warten wir es ab. Die Enkel sind auch schon wieder aus dem Weihnachtsalter herausgewachsen. Und die Urenkel? Ob wir mit denen überhaupt noch Weihnachten erleben werden? Keiner weiß, wieviel Gift er täglich unbemerkt zu sich nimmt. Heini und Heidrun sind mit ihren Familien fast gleichzeitig wieder in die Nähe gezogen. Ihre Jugend spielt aber nur mit Computern. Theo gefällt es. Aber er traut sich nicht zuzugeben, daß er nichts davon versteht. Ich habe keine Ahnung davon. Und wenn schon! Wenn wir sie besucht hätten: programmierte Weihnacht!

„Unheiliger" Heiliger Abend

Nach der gleichnamigen Erzählung von Helen Stotzer.

Personen:	Vater
	Mutter
	Oma
	Jugendliche Tochter
	Jugendlicher Sohn
	Zwei Kinder
Zum Spiel:	Gebraucht wird eine Wohnzimmereinrichtung: Tisch, Stühle, evtl. Sessel, Kerzen, Gebäck, ein Tonbandgerät, um Musik einzuspielen, Vase mit Tannenzweigen. „Mutter" sollte Flöte spielen können.
Thema:	Die Feier des Weihnachtsfestes von ihrem Klischee befreien.
Biblischer Bezug:	Lukas 2,1—14
Ungefähre Spieldauer:	30 Minuten

Erste Szene

Die Familienmitglieder treten nacheinander auf und stellen sich vor. Dabei sollten die Texte bewußt abgelesen werden.

Vater: Ich bin also der Vater dieser Familie. Ich bin etwas müde. Vor der Inventur im Geschäft gab es noch viel zu erledigen. Vielleicht plagt mich auch uneingestanden der Gedanke an unseren besinnlichen und feierlichen Heiligen Abend heute. Ich werde ihn vor lauter Müdigkeit vielleicht wieder nicht durchstehen können. Was werde ich für Mühen aufwenden müssen, um das Eigentliche von Weihnachten zu spüren!
Man sollte Weihnachten gar nicht feiern, denke ich. Denn: Weihnachten gibt es gar nicht an einem einzigen Tag. Was damals in der Nacht in Bethlehem geschah, war nur ein Anfang. Es war der Anfang eines harten Weges, der, von der Welt her gesehen, am Kreuz endete, von Gott her gesehen aber kein Ende hat. Er führt durch unsere Gegenwart hindurch und verändert sie auf die Zukunft hin. Und da mutet man uns zu, Weihnachten zu feiern! Wer kann das?

Mutter: *Stellt sich neben den Vater.*
Ich bin die Mutter dieser Familie. Und ich bin noch müder als mein Mann. Ich meine, es sind zwei Dinge, um die es heute geht: das Feiern und Weihnachten. Das Gelingen des ersteren hängt an der Begabung zum Feiern, die einer mehr oder weniger hat und die auch bei jedem anderen Anlaß zur Geltung kommen kann. Das zweite ist eine Wirklichkeit, die uns, wenn wir Christen sind, hilft, den Sinn unseres Lebens zu erschließen.
Jedes Jahr also, wenn diese beiden Dinge zusammentreffen, dann sorge ich mich unentwegt, wie ich das „Störende", die ansteigende Unruhe und Unwilligkeit rings herum beseitigen oder mindestens eindämmen könnte. Und zugleich merke ich, daß ich überhaupt nichts verändern werde. Im Gegenteil: Meine Fürsorge wird oft als ein ganz besonderer Ausdruck von Autorität empfunden. Und das akzeptiert ohnehin keiner. So habe ich mir gedacht, vielleicht ist es hilfreicher, sich eine gewisse Unbekümmertheit und Gleichgültigkeit dem Trubel und der Spannung gegenüber zuzulegen. Das äußert sich dann in einer etwas heiteren Haltung.

Jugendliche Tochter:	*Stellt sich neben die Eltern.*

Stellt sich neben die Eltern.
Ich bin die Tochter dieser beiden, und sie haben ja schon Gründe genannt, warum wir dieses Jahr davon abgekommen sind, unter uns Weihnachten zu feiern. Wir haben alle kein besonderes Talent für das Feiern. Denn Weihnachten ist etwas anderes als die Partys, die wir mit unseren Freunden feiern. Außerdem ist es keinem einzigen, nicht nur unserem Vater nicht, gelungen, das sogenannte Eigentliche von Weihnachten am 24. oder 25. Dezember einzufangen. Wir können noch soviele Kerzen anzünden, Tannenzweige hinlegen, Weihnachtslieder singen und uns Mühe geben, an das Eigentliche zu denken — Weihnachten stellt sich nie ein.

Erstes Kind: *Reiht sich ein.*
Ich bin die kleine Tochter/der kleine Sohn dieser Weihnachtsfamilie. Ich habe an Weihnachten immer noch heimliche Wünsche und warte auf Überraschungen. Und dann sind auch noch die Krippenspiele in der Kirche schön. Ich spiele dort immer gerne die Maria/den Joseph oder einen Engel.

Zweites Kind: *Reiht sich ein.*
Und ich bin der kleine Sohn/die kleine Tochter dieser Familie und weiß nicht so recht, warum sie Weihnachten abschaffen wollen. Ob sie das überhaupt können? Sie schimpfen immer auf die Lichter in den Geschäften und auf den Straßen. Ich mag die Hauptstraße, wenn sie mit kleinen Tannen geschmückt ist, und ich liebe die riesigen Lichterbäume auf dem großen Marktplatz. Draußen sieht man Weihnachten jeden Tag, und ich finde es schade, daß die Leute über Weihnachten mit ihren Skiern in die Berge gehen. Außerdem wird oft nur einmal im Jahr Flöte gespielt, und das ist an Weihnachten.

Jugendlicher Sohn: *Reiht sich ein.*
Ich schließlich bin der älteste Sohn der Familie. Sie haben jetzt schon fast alles gehört, was wir zu Weihnachten zu sagen haben. Als Resultat liegt der Beschluß des Familienrates vor, die übliche Weihnachtsfeier bleiben zu lassen. Freilich sollen unsere beiden Kleinen ihre Geschenke bekommen. Aber sie bekommen sie in der Nacht aufs Bett gelegt, damit die Geschenke gar nicht erst im Wohnzimmer in Erscheinung treten. Ansonsten haben wir nur beschlossen, daß wir als Familie den ganzen Abend zusammenbleiben.

Oma: *Kommt mit ihrem Textblatt wedelnd herbeigeeilt; reiht sich ein.*
Halt! Halt, mich hättet ihr ja wohl gerne unterschlagen! Oder habt ihr mich tatsächlich vergessen? Ich bin die Großmutter der Familie, gehöre auch dazu und möchte auch meine Meinung sagen. Mir geht es wie den beiden Kleinen der Familie. Ich kann die vertrauten Dinge nur sehr schwer missen. Wenn wir schon keinen Weihnachtsbaum haben, so habe ich dafür gesorgt, daß wenigstens ein paar Tannenzweige und einige Kerzen da sind. Das darf stehen bleiben, zumindest mir zuliebe.

Zweite Szene

Vater: Dann ist ja alles in Ordnung!

Mutter: Also machen wir es uns gemütlich! Setzen wir uns.

Oma: Ich zünde die Kerzen an.

Zündet die Kerzen an.

Kinder: Wir schauen nach unseren Geschenken ...!!!

Verlassen die Spielfläche.

Jugendlicher Sohn: Ich werde für etwas Musik sorgen.

Jugendliche Tochter: Und ich für das leibliche Wohl!

Vater und Mutter nehmen Platz. Sohn macht sich am Tonbandgerät zu schaffen und läßt Musik aus den 60er Jahren ertönen, z.B. Beatles. Die Tochter trägt Gebäck herein. Sohn und Tochter bewegen sich rhythmisch zur Musik. Oma, Vater und Mutter unterhalten sich.

Dritte Szene

Die beiden Kinder kommen herein und bedienen sich mit Gebäck.

Erstes Kind: *Geht zum Tonbandgerät und stellt die Musik leiser.*
                        Ich protestiere! Nichts, aber auch gar nichts habt ihr bisher von Weihnachten
                        gesprochen oder erzählt!

Jugendlicher Sohn: Dann mach's doch selbst!

Erstes Kind: Du wirst staunen, das tue ich! Ich habe die ganze Weihnachtsgeschichte in
                        meinem Schulheft stehen. Die lese ich jetzt vor.

                        Geht hinaus das Heft holen.

Zweites Kind: O ja! Und Mama spielt uns Weihnachtslieder mit der Flöte!

                        Mutter geht die Flöte holen, inzwischen kehrt das erste Kind mit dem Schulheft zurück.

Erstes Kind: Also, ich fange jetzt an!

                        Liest vor aus Lukas 22. Nach einigen Versen unterbricht das zweite Kind.

Zweites Kind: Jetzt „O du fröhliche"! Mama, spiel vor!

                        Mutter, inzwischen zurück, spielt die Melodie von „O du fröhliche", siehe Anhang, Seite 136, auf der Flöte.

Zweites Kind: Und jetzt singen wir mit allen Leuten hier alle drei Verse!

                        Alle singen das Lied. Danach wendet sich das zweite Kind seinen beiden jugendlichen Geschwistern zu.

Zweites Kind: Aber beim nächsten Lied singt ihr zwei auch mit!

Erstes Kind: Und ich lese jetzt die Weihnachtsgeschichte weiter!

                        Liest Lukas 2 bis Vers 14.

Zweites Kind: Und jetzt singen wir alle „Vom Himmel hoch, da komm ich her"! (EKG 16).

Mutter: Ich spiel euch die Melodie zuerst wieder vor.

Mutter spielt einmal die Melodie. Dann singen alle einige Verse des Liedes. Die ausgewählten Verse werden an der Liedtafel angezeigt.

Vater: Diese alten Lieder sind gar nicht das Übelste, wenn man sich erst einmal wieder eingesungen hat.

Jugendlicher Sohn: Also wenn wir jetzt schon singen, dann bitte auch ein neues Weihnachtslied!

Jugendliche
Tochter: Ja, einen von den Protestsongs aus den USA!

Erstes Kind: Wir haben einen in der Schule gelernt: „Geht, ruft es von den Bergen".

Jugendliche
Tochter: Das ist es!

Jugendlicher Sohn: Endlich mal ein gescheiter Vorschlag von euch!

Oma: Und das sollten auch wieder alle mitsingen!

Jugendliche
Tochter: Laß die Flöte liegen, Mutter! Du brauchst deine Hände. Da wird geklatscht!

Dieses Lied begleitet man am besten auf dem Klavier. Alle singen das Lied „Geht, ruft es von den Bergen", siehe Anhang, Seite 145. Alle Spieler singen und klatschen zusammen mit der Gemeinde.

Jugendlicher Sohn: Ich hätte noch 'nen Vorschlag!

Kinder: O ja!

Mutter: Wenn wir schon einmal so gut drin sind.

Vater: Warum nicht?

Kinder: Und was singen wir jetzt?

Jugendliche
Tochter: Ich weiß was: „We shall overcome"!

Jugendlicher Sohn: Genau das wollte ich vorschlagen.

Familie singt mit der Gemeinde zusammen das genannte Lied, siehe Anhang, Seite 146.

Jugendliche Tochter:	Nicht schlecht, Oma, gell?
Oma:	Wi schäll owerkamm — was heißt das eigentlich genau?
Jugendlicher Sohn:	Es ist das Lied der farbigen Amerikaner ...
Erstes Kind:	Und es ist das Freundschaftslied der Kinder. Sie singen es immer in ihren Jugendgruppen, wenn sie auseinandergehen.
Zweites Kind:	Wir haben gelernt, Oma, es heißt „Wir werden bestehen, tief in unserem Herzen sind wir gewiß, wir werden bestehen."
Oma:	Eigenartig, es hat soviel Ähnlichkeit mit „O du fröhliche" *Seufzt. — Wendet sich an die Zuschauer.* Und nun, war das heute ein Heiliger Abend oder nicht? *Die Oma macht mit dieser Frage den Anfang zur Verabschiedung, entsprechend dem Beginn des Spiels.*
Vater:	*Stellt sich neben die Oma.* Gute Frage! Ich denke, es war ein bißchen ein unheiliger Heiliger Abend, oder?
Mutter:	*Reiht sich ein.* Wer uns zugehört hat, könnte meinen, wir seien ein Beatclub oder eine Jugendgruppe. Und das an Weihnachten?
Jugendliche Tochter:	*Reiht sich ein.* Wieso eigentlich? Unsere Lieder haben von Vergangenem gesungen, von der Gegenwart und vom Kommenden. Und zu Weihnachten gehört doch wohl auch, daß die Jugend in aller Welt sich gegen die alten Traditionen auflehnt — oder? Es muß ja nicht alles so bleiben, nur weil es immer schon so war.
Jugendlicher Sohn:	*Reiht sich ein.* Richtig, beides ist heute abend bei uns vorgekommen: die Hoffnung auf das Gute und der Schrei aller Unterdrückten nach Gerechtigkeit. Das paßt doch zusammen, denn es heißt ja, daß an Weihnachten Gott unsere menschliche Hilflosigkeit mit uns teilt.

Erstes Kind: *Reiht sich ein und fragt ungeduldig.*
                    Also, die Oma hat gefragt, ob das nun ein Heiliger Abend war oder nicht!

Zweites Kind: *Reiht sich ein.*
                    Oma weiß nicht, ob es ein Heiliger Abend war. Vater meint, es war ein
                    unheiliger Heiliger Abend. Könnte es nicht ein heiliger Unheiliger Abend
                    gewesen sein?

Il Panettone — Der Weihnachtskuchen

Nach einer Erzählung von Max Bolliger.
Aus: H. Kaiser, „Erzählbuch zur Weihnachtszeit",
Verlag Ernst Kaufmann, Lahr und Christophorus-Verlag, Freiburg.

Personen:	Luigi, der Alte Franco, sein Sohn Lucia, die Schwiegertochter Der Briefträger Remo
Zum Spiel:	Alle Szenen finden in einem Zimmer statt: Ein Tisch, zwei Stühle, ein Sofa. Außerdem eine Briefträgertasche und -mütze, einige Pakete in Tortenschachtelgröße.
Thema:	Trotz anderer Überzeugung dem anderen Menschen helfen.

Ungefähre Spieldauer: 15 Minuten

Erste Szene

*Luigi liegt kränkelnd im Hintergrund auf dem Sofa. Franco und seine Frau
unterhalten sich am Tisch.*

Lucia:	Dein Vater wird von Jahr zu Jahr merkwürdiger.
Franco:	Ach, du mit deinem Gejammer!
Lucia:	Du hast gut reden, du brauchst nicht von morgens bis abends mit deinem Vater zusammenzusein.
Franco:	Warum, was ist denn schon wieder los?
Lucia:	Es ist fünf Tage vor Weihnachten. Seine Marotten sind kaum noch auszuhalten. Ungeduldig wie ein Wahnsinniger wartet er auf seinen Panettone.
Franco:	Ach so! Es ist doch jedes Jahr das gleiche. Er ist gespannt wie ein Kind, ob das Geschenk noch kommt; ob die Firma immer noch an den alten Pensionär denkt.
Lucia:	Aber irgendwann muß das doch mal vorbei sein. Gut, der Alte hat 54 Jahre in der Spinnerei gearbeitet. Und als die Fabrik Konkurs gemacht hat, da hat der Chef in dieser schlechten Zeit den Arbeitern zu Weihnachten einmal einen Panettone geschenkt. Wenn's doch nur bei dem einen Mal geblieben wäre.
Franco:	Aber es ist nun mal eine Tradition daraus geworden.
Lucia:	*Schaut nach rechts.* Hör' mal den Briefträger! Wie der heute schimpft und lamentiert! Na, aber Gott sei Dank für den Alten! Denn das bedeutet bestimmt, daß die Kuchen unterwegs sind.

Zweite Szene

Auf der rechten Spielhälfte taucht der Briefträger mit einem Stapel Kuchen-pakete auf. Er schimpft vor sich hin.

Remo: Die verdammten Pakete! 36 Stück! Was liegt den alten Männern und Frauen wohl an diesen Kuchen? Sie sind doch nichts anderes als ein Almosen, ein Trostpflaster für die Armen. Ausgenutzt hat der alte Direktor sie alle mit-einander, der Halsabschneider! Jahrzehntelang! Wenn ich nur an seine riesige Villa denke mit den Wandgemälden und den vergoldeten Wasserhähnen.

Inzwischen hat Franco seinen Vater darauf aufmerksam gemacht, daß der Briefträger kommt. Er hat sich langsam zur Tür bemüht.

Luigi: Endlich!   *Er nimmt von Remo das Paket entgegen.*

Remo: Wirst du den Kuchen überhaupt noch beißen können?

Luigi: In Kaffee getunkt schmeckt er prima!

Remo: Was liegt dir eigentlich an dem alten Zopf? — Es wäre gescheiter, die würden euch einen Hunderter schicken!

Der Briefträger wartet vergeblich auf eine Antwort des Alten.

Ich werde mit denen da unten einmal reden.   *Zeigt mit dem Finger in Richtung Fabrik.*

Das ist doch gar nicht mehr deine Fabrik, Luigi. Da wimmelt doch jetzt alles von jungen Arbeitern, von Computern, von modernen Maschinen. Es gibt Mitbestimmung und Gewerkschaftsverträge.

Luigi: Solange an Weihnachten der Panettone kommt, ist das meine Fabrik!

Er sucht in seiner Tasche nach einem Franken und gibt ihn dem Briefträger.

Luigi: *Gönnerhaft.*   Da, für dich.

Remo: *Steckt das Geldstück ein, dreht sich um und geht.*
Dieser Trottel! Den Franken könnte er auch behalten, wenn er wenigstens auf seinen Kuchen verzichten würde. Er ist sicher der einzige, dem an diesem verdammten Panettone noch etwas liegt.

Lied „Alle Jahre wieder", siehe Anhang, Seite 135.

Dritte Szene

Gespräch im Zimmer: Luigi auf dem Sofa, Franco und Lucia am Tisch.

Lucia:	Jedes Jahr das gleiche Gejammer!
Franco:	Du mußt ihn doch verstehen. Er hat seit Wochen eine Lungenentzündung, und seine Asthmaanfälle quälen ihn.
Lucia:	Das ist es ja gerade. Er ist so schwach, daß er kaum das Bett verlassen kann. Aber wie alle Jahre nörgelt er, ob denn der Panettone noch nicht angekommen sei.
Luigi:	*Keucht.* Ist er immer noch nicht angekommen?
Lucia:	Da hörst du es wieder!
Franco:	Beruhige dich, Vater, der Kuchen kommt sicher heute an. Aber diesmal bleibst du liegen. Du kannst ihn nicht selbst in Empfang nehmen. Das mußt du Lucia überlassen.
Lucia:	Ich bin ja schon dankbar, wenn er wenigstens liegen bleibt. Dann ist er auch erträglicher.
Luigi:	Nur nicht ins Krankenhaus!
Franco:	Keine Sorge, Vater. Niemand will, daß du ins Krankenhaus kommst. Lucia auch nicht.
Lucia:	Wir behalten dich zu Hause, solange du liegen bleibst und solange ich dich versorgen kann.
Luigi:	Ist ja schließlich auch mein Haus.
Lucia:	*Abgewandt zu Franco.* Wenn er nur in dieser Jahreszeit nicht immer so besessen von dem Panettone wäre. – Man hört nämlich, die Firma hat die Kuchengeschenke eingestellt.
Franco:	Ja, es ist irgendwie unerklärlich. Als ob sein Leben nur noch von diesem Kuchen abhinge.
Lucia:	O, eben läutet es! Ach du liebe Zeit! Der Briefträger! Wenn jetzt kein Panettone kommt!

Der Briefträger erscheint. Lucia geht ihm entgegen.

Lucia: Wieso hast du denn ein Paket, Remo?

Remo: Aha, du hast wohl auch schon gehört, daß der Panettone von den Juniorchefs als sinnloses Überbleibsel aus den Vorkriegsjahren abgeschafft worden ist!

Lucia: Natürlich. Aber weder ich noch Franco haben es gewagt, es dem Vater zu sagen. Weißt du, insgeheim haben wir damit gerechnet, daß er das Fest nicht überlebt.

Remo: Ich möchte ihm das Paket persönlich überreichen.
              Geht zu Luigi, verunsichert.
              Hier, ich bring dir deinen Panettone!

Luigi: *Versucht sich zu erheben.*
              Sie haben mich nicht vergessen! Und —   *Prüft das Paket.*   Die Adresse stimmt auch!

Franco: Jetzt kann's für dich Weihnachten werden, nicht wahr, Vater?!

Luigi: Lucia, gib dem Remo einen Franken!

              Lucia holt einen Franken, gibt ihn Remo, der steckt ihn ein.

Remo: Vielen Dank auch und Auf Wiedersehn.

Franco: Auf Wiedersehn. Ich hoffe, du schaffst die vielen Kuchenpakete noch alle.

Lucia: *Begleitet Remo hinaus.*
              Mensch sag, woher hast du denn den Panettone?

Remo: *Zögert.*   Den Panettone — — vom Christkind!
              Geht einige Schritte nach vorne Richtung Publikum.
              Jetzt fühle ich mich auf einmal in meine Kindertage zurückversetzt. Ich erinnere mich noch daran, wie wunderbar es war, ein Geheimnis zu haben. Warum sollte ich ihr also erzählen, daß ich alles selbst gemacht habe? Ich bin in die Stadt gefahren und habe den Panettone gekauft. Ich war in der Fabrik und habe mir eine Klebeadresse geben lassen. Das sollte ich ihr erzählen? — Nein, wozu auch?

Aus SICH herausgehen

Der stolze Bauer von Bethlehem

Ein Weihnachtsspiel nach einer Geschichte von Karl Wanner.

Personen:	Mehrere Hirten Der Bauer Zwei Aufseher Die Frau Der Wirt Joseph (keine Sprechrolle)
Zum Spiel:	Als Kind kann man eine Puppe verwenden, oder man verzichtet ganz auf die Darstellung des Kindes. Im Mittelpunkt der Spielfläche steht der Brunnen, daneben ein „Stein" (Papphocker), auf dem von Anfang an die Frau mit dem Kind sitzt. Auf der rechten Seite die Krippe und Joseph. Von der linken Seite kommen die Hirten und der Bauer. Das Schloß, das schöne Haus und das Wirtshaus befinden sich in Richtung Zuschauerraum, so daß diese drei Spielorte fingiert bleiben und nicht als Kulisse dargestellt zu werden brauchen. Außer der üblichen Hirtenausstattung benötigt man einen Pelzmantel und eine Pelzmütze für den Bauern.
Biblischer Bezug:	Matthäus 25,36 ff.: „Ich war nackt, und ihr habt mir Kleider gegeben." Philipper 2,7: Er entäußerte sich und wurde wie ein Sklave den Menschen gleich.
Ungefähre Spieldauer:	15—20 Minuten.

Erste Szene

Drei oder mehrere Hirten kommen, den Weg suchend, auf die Spielfläche.

1. Hirte:	Es ist unglaublich!
2. Hirte:	Aber es waren Engelstimmen, die uns auf den Weg geschickt haben.
3. Hirte:	In dieser Nacht wird der Erlöser geboren und …
1. Hirte:	Und wir sollen die ersten sein, die es erfahren.
2. Hirte:	Wir erbärmlichen Geschöpfe!
3. Hirte:	Und unser Herr, der herrische reiche Bauer, liegt in seinem weichen Himmelbett und merkt nichts davon, daß in einem armen Stall in Bethlehem der Erlöser der Welt geboren wird.

Aus dem Hintergrund kommen mit lauten Schritten der Bauer und seine Aufseher.

1. Hirte:	Von wegen: merkt nichts!
Bauer:	*Mit lauter Stimme.* He, meine Hirten! Was ist los?
2. Hirte:	Kommt, laßt uns weitergehen.

Hirten gehen einige Schritte langsam weiter.

Bauer:	Wartet! Was fällt euch ein, mitten in der Nacht von der Herde fortzulaufen?
3. Hirte:	Kommt, wir hören nicht auf ihn! Die unglaubliche Botschaft der Engel ist heute wichtiger als das Geschrei des Bauern.

Die Hirten verschwinden zunächst von der Spielfläche.

Bauer:	Wovon habt ihr da geredet? In dieser Nacht soll der Erlöser geboren worden sein?! – Wenn das wirklich stimmen sollte, dann darf ich nicht fehlen! Doch da muß ich noch schnell meinen schönen Pelzrock anziehen und die neue Pelzkappe aufsetzen. Ich muß ja zeigen, wer ich bin!

Der Bauer geht in dieselbe Richtung ab, aus der er gekommen ist. Legt während des folgenden Liedes die Kleidungsstücke an. Während des Spiels kommen die Hirten wieder und stellen sich wortlos zur Krippe.
Lied „Kommet ihr Hirten", siehe Anhang, Seite 137.

Zweite Szene

Bauer kommt aufgeputzt mit seinen Aufsehern auf die Spielfläche.

1. Aufseher: *Schaut auf den Boden.*
Keine Spuren mehr von den Hirten zu entdecken. Nichts mehr. Ach, was brauchen wir deren Spuren? Der göttliche Erlöser kann ja nur drüben im Schloß zur Welt gekommen sein.

Gehen langsam weiter.

2. Aufseher: Es wird im schönsten Marmorsaal liegen, das göttliche Kind, in einer goldenen Wiege. Und wenn du den Saal betrittst, wird die Gottesmutter zu dem Kindlein sagen: Siehst du, der dort kommt in dem schönen Pelzrock und in der neuen Pelzkappe, das ist der reiche Bauer.

1. Aufseher: So, hier ist das Schloß. Jetzt werden wir kräftig klingeln. – Nanu, warum tut sich denn hier nichts? Es bleibt alles still! Eigenartig.

Er überlegt.

Wenn das Kind nicht im Schloß zu finden ist, kann es nur unten im Dorf zur Welt gekommen sein. Also gehen wir ein Stück weiter.

Sie gehen einige Schritte auf den Dorfbrunnen zu. Dort sitzt die Frau mit dem Kind auf dem Stein.

Dritte Szene

Bauer: He, du junges Bettelweib, was tust du mit deinem armseligen Kind hier mitten in der Nacht?

Sie sind schon zwei Schritte an den beiden vorbei, da halten sie inne.

Was blickt mich denn dein Kind so merkwürdig an? So, als ob es mich nicht mehr loslassen wollte?

Die Frau: Mein Kind friert! Du siehst, es ist ja kaum bekleidet. Wir haben nichts zu essen und nichts anzuziehen.

Bauer:	Du hast Glück! *Wendet sich zum Publikum.* Ich muß jetzt etwas tun, wogegen ich mich innerlich nicht wehren kann. Ich werde mich von meiner warmen Kappe trennen. So etwas tue ich normalerweise nie!
	Der Bauer nimmt langsam seine Pelzkappe ab und legt sie auf das Kind.
	Du siehst, die Kappe ist groß genug. Das ganze Kindlein kann sich darin einhüllen.
	Sie gehen weiter.
2. Aufseher:	Nun, das göttliche Kind wird dich, den reichen Bauern, auch ohne Kappe gerne sehen. Es ist ohnehin nicht fein, wenn man im Saal die Kappe auf dem Kopf läßt. Außerdem zeigt ja dein schöner Pelzrock deutlich genug, wer du bist!
	Sie gehen einige Schritte in Richtung Zuschauer.

Vierte Szene

1. Aufseher:	Dann probieren wir es eben einmal im schönsten Haus des Dorfes. Wenn überhaupt im Dorf, dann muß das göttliche Kind hier zur Welt gekommen sein. Ich hoffe, daß sie hier unser Klopfen hören.
	Klopft pantomimisch an.
	Wie, auch hier in diesem schönen Haus bleiben alle Fenster finster? Kein Mensch macht uns auf! —
2. Aufseher:	Ob das göttliche Kind auch hier nicht zur Welt gekommen sein sollte? — Dann gibt es nur noch eine Möglichkeit: drüben beim Wirt in der Gaststube. Dann probieren wir es eben auch dort. Leute wie wir kommen nie zu spät.
	Sie gehen auf die andere Seite der Spielfläche.

Fünfte Szene

Bauer: *Geht mit seinen Aufsehern wieder am Dorfbrunnen vorbei.*
Ja, du sitzt ja immer noch hier in dieser Kälte mit deinem Kind! Normalerweise ist mir das gleichgültig, wenn die Leute es nicht schaffen, zu Geld zu kommen, damit sie sich einigermaßen versorgen können. Aber du kannst dich ja kaum noch aufrecht halten vor Frost.

Nachdenklich.

Ich sage dir, Bettelweib, in dieser Nacht geht etwas ganz Merkwürdiges in mir vor. Ich kann nicht erklären warum, aber ich werde meinen warmen Pelzrock ausziehen und ihn dir über die Schultern legen.

Legt seinen Pelzrock der Frau über die Schultern. Die drei gehen ein paar Schritte weiter in Richtung Wirtshaus.

2. Aufseher: Das göttliche Kind wird dich wohl auch ohne deinen Pelzrock gerne sehen. Es macht ja auch nicht soviel aus, wenn du nicht so fein ausschaust. Die Hauptsache ist doch, daß wir das Kindlein endlich finden!

Die Frau: *Spricht zu ihrem Kind.*
Jetzt sieht der reiche Bauer tatsächlich nicht viel anders aus als einer seiner armen Hirten. Und wie es ihn friert!

Lied „Lobt Gott ihr Christen alle gleich", EKG 21,1–3 + 5.

Sechste Szene

Die Frau geht während des Liedes mit ihrem Kind zur Krippe. Als sie ankommt, knien die Hirten nieder.

Bauer: Hallo, ist hier jemand? Komisch! In einem Wirtshaus muß doch immer jemand sein!

Wirt tritt auf die Spielfläche.

Wirt: Was soll denn der Lärm mitten in der Nacht?

Bauer:	Ist bei dir heute nacht das göttliche Kind geboren?
Wirt:	Was soll denn diese Frage? Verschwinde, du armer Bettelmann, du Störenfried!
Bauer:	Gib mir doch nur schnell eine Antwort.
Wirt:	Damit du Ruhe gibst. Von einem Kind weiß ich nichts.

Wendet sich bereits ab.

Könnte höchstens sein im Stall draußen. Dort sind heute Bettelleute über Nacht; und jetzt laß mir meine Ruhe!

Bauer: *Wendet sich um und geht langsam Richtung Krippe.*
Da sind ja meine Hirten! Und eine Frau ... Aber ... Du bist doch die arme Bettelfrau! Dich habe ich doch beim Dorfbrunnen gesehen! Da hattest du doch noch meinen Pelzrock um die Schultern?

Die Frau hat als Maria die Pelzjacke nicht mehr umhängen.

Mein Gott! Und jetzt sehe ich auch ihr kleines Kindlein hier in der Krippe liegen! Richtig! Das Kind ist noch mit meiner neuen Pelzkappe umhüllt. Hier habe ich dich nicht vermutet! Und gerade hier habe ich dich, das göttliche Kind, gefunden!

Während das nächste Lied gesungen wird, kniet sich der Bauer neben seinen Hirten vor der Krippe nieder und betet mit ihnen.
Lied „Ihr Kinderlein, kommet", siehe Anhang, Seite 139.

Vor dem Kaufhaus

Nach einer gleichnamigen Erzählung von D. M. Addison.
Aus: Frank, „In der Weihnachtsstadt", 1977, © Agentur des Rauhen Hauses, Norderstedt.

Personen:	Junge – ärmlich gekleidet Zwei Damen Sohn mit Vater Tochter mit Mutter Frau im Pelz Passant Rentnerin Dunkelhäutiger Junge Polizist Sprecher(in) Ein gut gekleidetes junges Mädchen } Zwei bis drei gut gekleidete Jugendliche } keine Sprechrollen
Zum Spiel:	Die Szenen spielen sich vor einem Kaufhausfenster ab. Entweder ein Schaufenster auf große Kulisse malen oder eine Auslage selbst aufbauen: im Schaufenster sind viele Weihnachtsgeschenke, vor allem Spielsachen, auch eine Krippe und Weihnachtsdekoration. Zu Spielbeginn kann eine Tonbandaufnahme eines entsprechend kitschigen Weihnachtsliedes eingespielt werden, wie sie zur Weihnachtszeit üblicherweise in den Kaufhäusern zu hören sind (Jingle Bells o.ä.)
Biblischer Bezug:	Matthäus 25,40 b; Römer 13,8: Liebe deinen Nächsten wie dich selbst.
Ungefähre Spieldauer:	15 Minuten

Sprecher(in): *Spricht in die Musik hinein.*
Es geschah am Abend des 24. Dezember vor einem Kaufhaus einer Geschäftsstraße. Es könnte sich in jeder Großstadt auf dieser Erde abspielen.

Der Junge: *Steht vor dem Schaufenster, die Musik klingt langsam aus. Alle genannten Personen laufen aufgeregt hin und her. Der Junge schaut ihnen nach, alle Personen mustern den Jungen unterschiedlich. Sie verlaufen sich allmählich, der Junge bleibt allein.*
Die haben doch keine Ahnung. Denen ist doch alles egal — abgesehen von dem, was sie direkt angeht. Sie zerbrechen sich die Köpfe darüber, was sie der Annette oder Christiane, der Oma oder dem Onkel Hans zu Weihnachten schenken sollen und was sie selbst wohl bekommen werden ...
Er zeigt auf die Krippendarstellung im Schaufenster.

Du Jesus, du bist doch selbst so arm gewesen, und du hast gesagt, alle Menschen sollten einander lieben ... Wie das wohl heute wäre, wenn Jesus bei uns zur Welt käme?
Ein gut gekleidetes junges Mädchen mit glitzerndem Spray im Haar — geht vorüber, bleibt kurz stehen, mustert den Jungen verächtlich, runzelt die Stirn und geht weiter.
Zwei Damen laufen eingehängt schlendernd an ihm vorbei.

1. Dame: Wieder so einer von diesen faulen, kriminellen Jugendlichen.

2. Dame: Die sieht man jetzt überall. Man traut sich abends kaum noch allein auf die Straße.

1. Dame: Der Himmel weiß, was die sich dabei denken, so faul und so schmutzig herumzulungern ...
Mehrere Jugendliche gehen vorüber mit hochmütiger Miene und überheblichem Blick.

Der Junge: *Holt ein paar Geldstücke aus der Tasche.*
Ein Fünfmarkstück, ein Zweimarkstück, zwei Einmarkstücke und einen Zehnmarkschein und ein paar Pfennige ...

Sohn mit Vater: *Sohn nimmt Vater an der Hand und will ihn zum Schaufenster ziehen.*
Guck mal, da ist Jesus! Ich möchte mir Jesus ansehen ...

Vater:	Nein, jetzt nicht, nachher ...
Der Junge:	*Lächelt dem Sohn zu.* Nachher, wenn ich nicht vor dem Schaufenster stehe, wie?
Vater:	*Zieht seinen Sohn hinter sich her.* Komm schon, beeil dich. Wir haben jetzt keine Zeit.
	Sohn läßt sich widerwillig weiterziehen.
Der Junge:	Es kommt eben nur auf Äußerlichkeiten an. Darauf, wie man angezogen ist. Als ob davon alles abhängt ...
Tochter mit Mutter:	*Läuft vor den Jungen hin und schaut an ihm hoch.* Schau mal den Mann da, Mutti! Wie der dreckig aussieht!
Mutter:	Pssst! Sei still!
	Mutter nimmt das Mädchen an die Hand und geht weiter.
Der Junge:	Die Kleine sieht aus wie Peggy, meine Schwester. Wahrscheinlich sitzt sie jetzt zu Hause im Schlafzimmer auf dem Fußboden und liest irgendein Heftchen. Vielleicht bekommt sie wenigstens heute abend noch ein Geschenk!
	Er dreht sich halb um.
Ein Passant:	*Geht vorüber.* Die machen wohl heute alle, was sie wollen. Man kommt sich vor wie im Irrenhaus!
Der Junge:	Irgend etwas muß sie bekommen. Mutter ist krank, Vater ist bestimmt betrunken. Wie wär's denn mit diesem Puppengeschirr? Acht Mark – das könnte ich ihr eigentlich kaufen. Dann kann Peggy wenigstens auch etwas vorweisen, wenn sich die Kinder in der Straße gegenseitig ihre Geschenke zeigen.
Dame in Pelz:	*Kommt schon, während der Junge noch spricht. Er nickt ihr freundlich zu. Die schnappt deutlich nach Luft.* Eine Schande! Eine Schande, wirklich! Wenn das mein Sohn wäre! Der würde sein blaues Wunder erleben ...

Der Junge: ... denn ich verkündige euch große Freude ... Es ist ein Jammer. Wenn wenigstens etwas Echtes dahintersteckte! Was ist das für eine Welt? Es wird soviel Wert auf Äußerlichkeiten gelegt! Wer achtet auf das, worauf es wirklich ankommt?!

Rentnerin: *Geht schon während der letzten Sätze des Jungen auf das Schaufenster zu und stolpert. Der Junge packt sie am Arm, um sie zu halten.*
Ach, es ist eine furchtbare Hetze! Ich wollte schon früher einkaufen, aber ich mußte auf meine Rente warten.

Der Junge: *Lächelt ihr zu.*
Nicht so tragisch. Sie werden es schon schaffen!

Rentnerin: Ich suche etwas für meinen kleinen Enkel. Ich glaube, ich kaufe ihm einen Kasten Bausteine. Darüber freut er sich bestimmt. Es ist ja nicht viel, aber wenigstens etwas. —
Sie sind der einzige von diesen vielen Menschen, der mir geholfen hat. Es kommt nicht häufig vor bei dieser großen Hetze, daß jemand einer alten Frau behilflich ist! — Gottes Segen!

Die Frau geht hinter die Schaufensterauslage, dann verläßt sie die Spielfläche.

Sprecher(in):   Weihnachten — das Fest aller Feste. Die Menschen strömen geschäftig durch die Straßen, drängen aneinander vorbei, getrieben von dem Zwang, schnell noch Geschenke für alle die zu kaufen, denen man etwas schenken muß. Noch ein Geschenk für die Nichte, eins für den Opa ...

Der Junge: *Nimmt den Zehnmarkschein in die Hand.*
Für das Puppengeschirr wird es auf jeden Fall reichen. Was hat die alte Frau gesagt: Es ist nicht viel, aber wenigstens etwas.

Er seufzt.

Und meine Schwester Peggy wird strahlen, wenn ich ihr ein Geschenk bringe.

Während er mit sich selbst spricht, ist ein kleiner dunkelhäutiger Junge an das Schaufenster getreten und strahlt hinein. Der Junge entdeckt den Kleinen und legt ihm die Hand auf die Schulter.

Dunkelhäutiger Junge:	Na!
Der Junge:	Na ...
Dunkelhäutiger Junge:	Das Baby da ... das ist Jesus.
Der Junge:	Jawohl, stimmt.
Dunkelhäutiger Junge:	Schön, gell? Die vielen Lichter und die vielen Sachen!
Der Junge:	Kommt das Christkind auch zu dir?
Dunkelhäutiger Junge:	*Schüttelt den Kopf.* Wir haben nicht genug Geld! *Traurig.*
Der Junge:	Was würdest du dir denn wünschen, wenn du dir von den Sachen im Schaufenster etwas aussuchen dürftest?
Dunkelhäutiger Junge:	*Überlegt.* Was ...? Das Auto da ...! *Er strahlt.*
Der Junge:	*Schaut überlegend auf das Geld in seiner Hand.* Warum nicht? Es kostet sechs Mark und dreißig, und es ist der sehnlichste Wunsch dieses Kleinen. Schließlich ist Weihnachten ... Hier, nimm es und kauf dir das Auto! *Streckt dem Kleinen das Geld hin.*
Dunkelhäutiger Junge:	*Starrt ihn an.* Wie??!!
Der Junge:	Nimm schon! Das ist für dich!
Dunkelhäutiger Junge:	Wirklich? – Haben Sie soviel Zaster?
Der Junge:	Massenweise! Nimm's und zisch ab, ehe ich es mir anders überlege!
Dunkelhäutiger Junge:	Danke ...! Vielen Dank!!

Das Kind nimmt das Geld, geht hinter die Schaufensteranlage und verläßt von dort die Spielfläche.

Polizist:	*Geht auf den Jungen zu.* Du lungerst schon eine ganze Weile hier 'rum, junger Freund.
Der Junge:	*Nickt.*
Polizist:	Wartest du auf jemand?
Der Junge:	*Schüttelt den Kopf.*
Polizist:	Hast wohl nichts Besseres zu tun? Wird Zeit, daß du dich langsam verziehst ...!
Der Junge:	Ich geh' jetzt noch ein Puppengeschirr kaufen für meine kleine Schwester!
	Polizist geht ab. Junge will weggehen, hält inne, dreht sich noch einmal um.
	Vielleicht finde ich für den Rest des Geldes unterwegs auch noch eine Kleinigkeit für meine Mutter. So ist mein Geld am besten angelegt. Dann kann ich halt erst nächste Woche zum Frisör. Aber das spielt nun wirklich keine Rolle.
Sprecher(in):	Das geschah am Abend des 24. Dezember. Es hätte in jeder Großstadt dieser Welt geschehen können. Und wenn nicht der Kaufhausrummel gewesen wäre, hätte man einen ganz kurzen Augenblick glauben können, man sei zweitausend Jahre zurückversetzt nach Bethlehem.

Kein Raum in der Herberge oder Der Wirt fällt aus der Rolle

Anspiel zu einer Weihnachtspredigt

Nach einer Erzählung von Lina Donohue.

Personen:	Maria Joseph Wirt Souffleuse Sprecher(in)
Zum Spiel:	Leerer Türrahmen aus Latten, Textheft für die Souffleuse. Souffleuse ist halb sichtbar, halb verdeckt.
Biblischer Bezug:	Matthäus 25,13: Der Wirt erkennt Zeit und Stunde und nimmt Jesus auf.
Ungefähre Spieldauer:	6 Minuten

Erste Szene

Sprecher(in): Walter ist gerade 9 Jahre alt geworden und geht in die zweite Grundschul-klasse, obwohl er eigentlich in der vierten hätte sein sollen. Er wäre im Krippenspiel gerne ein Schäfer mit einer Flöte gewesen, aber Frau Schmidt hat ihm eine andere Rolle zugedacht. So versammelt sich wie gewohnt die große Zuhörerschaft zu der alljährlichen Aufführung der Weihnachts-geschichte mit Hirtenstäben und Krippe, Bärten, Kronen, Heiligenscheinen und einer ganzen Bühne voller heller Kinderstimmen.
Es kommt der Augenblick, wo Joseph auftritt und Maria behutsam vor die Herberge führt.

Maria und Joseph nähern sich von der einen Seite dem Türrahmen.

Walter spielt den Wirt. Er steht hinter seiner Holztür, die man als einfachen Rahmen eingesetzt hat. Walter wartet auf seinen Einsatz, der dann beginnt, wenn Joseph laut an die Tür klopft.

Zweite Szene

Joseph: *Klopft an die Tür.*

Wirt: Was wollt ihr?

Geht durch den Türrahmen nach draußen.

Joseph: Wir suchen Unterkunft.

Wirt: Sucht sie anderswo! Die Herberge ist voll!

Maria: Herr, wir haben überall vergeblich gefragt. Wir kommen von weit her und sind sehr erschöpft.

Wirt: In dieser Herberge gibt es keinen Platz für euch!

Joseph: Bitte, lieber Wirt, das ist meine Frau Maria. Sie ist schwanger und braucht einen Platz zum Ausruhen. Ihr habt doch sicher ein Eckchen für sie. Sie ist so müde ...!

Wirt:	*Nicht mehr so streng, schaut Maria an. — Schweigt so lange, daß für die Zuschauer der Eindruck entsteht, er weiß nicht mehr weiter im Text.*
Souffleuse:	*War von Anfang an halb verdeckt zu sehen und hat den bisherigen Text tonlos mitgesprochen. Jetzt etwas lauter.* Nein! Schert euch fort! —
Souffleuse:	*Wiederholt den Text, weil der Wirt nicht reagiert.* Nein! Schert euch fort!
Wirt:	*Wiederholt die Worte der Souffleuse mit monotoner Stimme, so, als ob er mit den Gedanken abwesend sei.* Nein! — — Schert euch fort!

Dritte Szene

Joseph:	*Legt seinen Arm um Maria, Maria lehnt ihren Kopf an die Schulter des Joseph; sie wollen umkehren.* Komm, Maria! Dieser Wirt gibt uns keine Herberge.
Maria:	Laß uns gehen, Joseph. Vielleicht finden wir doch noch einen Platz.
Wirt:	*Spricht mit Tränen in der Stimme und ausgestreckten Armen.* Nein! Bleibt hier, ihr beiden! Kommt zurück in meine Herberge. Ihr könnt mein Zimmer haben! *Joseph und Maria gehen durch den Türrahmen in die Herberge. Der Wirt stellt sich zwischen die beiden und nimmt sie in den Arm.*
Sprecher(in):	Und plötzlich ist dieses Krippenspiel anders geworden, als es vorgesehen war und wie wir es jedes Jahr erlebt haben. Manche Leute meinen, Walter habe das Spiel verdorben. Aber viele, viele andere halten es für das weihnachtlichste aller Krippenspiele, das sie je gesehen haben.

Liedanhang

Die Erde ist des Herrn

Die Er-de ist des Herrn. Ge-lie-hen ist der
Stern, auf dem wir le-ben. Drum sei zum Dienst be-
reit, ge-stun-det ist die Zeit, die uns ge-ge-ben.

2. Gebrauche deine Kraft. Denn wer was Neues schafft, der läßt uns hoffen.
Vertraue auf den Geist, der in die Zukunft weist. Gott hält sie offen.

3. Geh auf den andern zu. Zum Ich gehört ein Du, um Wir zu sagen.
Leg deine Rüstung ab. Weil Gott uns Frieden gab, kannst du ihn wagen.

4. Verlier nicht die Geduld. Inmitten aller Schuld ist Gott am Werke.
Denn der in Jesus Christ ein Mensch geworden ist, bleibt unsre Stärke.

Text: Jochen Rieß, Melodie: Matthias Nagel. Rechte bei den Autoren.

Stern über Bethlehem

1. Stern über Bethlehem, zeig' uns den Weg, führ' uns zur Krippe hin, zeig', wo sie steht, leuchte du uns voran, bis wir dort sind, Stern über Bethlehem, führ uns zum Kind!

2. Stern über Bethlehem, nun bleibst du steh'n
und läßt uns alle das Wunder hier seh'n,
das da geschehen, was niemand gedacht,
Stern über Bethlehem, in dieser Nacht.

3. Stern über Bethlehem, wir sind am Ziel,
denn dieser arme Stall birgt doch so viel!
Du hast uns hergeführt, wir danken dir.
Stern über Bethlehem, wir bleiben hier!

4. Stern über Bethlehem, kehr'n wir zurück,
steht noch dein heller Schein in unsrem Blick,
und was uns frohgemacht, teilen wir aus,
Stern über Bethlehem, schein' auch zu Haus!

Text und Melodie: Alfred Hans Zoller. Aus: Neue geistliche Lieder, Gustav Bosse Verlag KG, Regensburg.

Der Himmel geht über allen auf

Text: W. Willms, Melodie: P. Janssens.
Aus: „Ave Eva", 1974. Alle Rechte im Peter Janssens Musikverlag, 4404 Telgte.

Ehre sei Gott in der Höhe

Kanon zu 4 Stimmen   Ludwig E. Gebhardi

Alle Jahre wieder

Al - le Jah-re wie - der kommt das Chri-stus-kind

auf die Er - de nie - der, wo wir Men-schen sind.

2. Kehrt mit seinem Segen ein in jedes Haus,
geht auf allen Wegen mit uns ein und aus.

3. Ist auch mir zur Seite still und unerkannt,
daß es treu mich leite an der lieben Hand.

Wilhelm Hey 1837, Friedrich Silcher 1842

O du fröhliche

O du fröh - li - che, o du se - li - ge,

gna - den - brin - gen - de Weih - nachts - zeit! Welt

ging ver - lo - ren, Christ ist ge - bo - ren.

Freu - e, freu - e dich, o Chri - sten - heit!

2. O du fröhliche, o du selige,
gnadenbringende Weihnachtszeit!
Christ ist erschienen, uns zu versühnen.
Freue, freue dich, o Christenheit!

3. O du fröhliche, o du selige,
gnadenbringende Weihnachtszeit!
Himmlische Heere jauchzen dir Ehre.
Freue, freue dich, o Christenheit!

Sizilien vor 1789 bei Johann Gottfried Herder.
Strophe 1: J. D. Falk 1819, Strophe 2+3: Heinrich Holzschuher 1829.

Kommet, ihr Hirten

1. Kom - met, ihr Hir - ten, ihr Män - ner und Fraun,
kom - met, das lieb - li - che Kind - lein zu schaun!

Chri - stus, der Herr, ist heu - te ge - bo - ren, den Gott zum

Hei - land euch hat er - ko - ren: Fürch - tet euch nicht!

2. Lasset uns sehen in Bethlehems Stall,
was uns verheißen der himmlische Schall;
was wir dort finden, lasset uns künden,
lasset uns preisen in frommen Weisen!
Halleluja!

3. Wahrlich, die Engel verkündigen heut
Bethlehems Hirtenvolk gar große Freud:
nun soll es werden Friede auf Erden,
den Menschen allen ein Wohlgefallen.
Ehre sei Gott!

Altböhmische Weise/Leipzig 1870. Verdeutscht von Riedel 1870

Drei Könige

Matthäus 2,1–12

1. Drei Kö-ni-ge ka-men mit ih-rer Kron',

die wol-len an-be-ten den Got-tes-sohn.

Drei Kö-ni-ge ka-men und sag-ten só:

„Wer das Kind sieht, der wird froh."

2. Sie gingen zum Stalle, sie knieten zu dritt,
   Gold, Weihrauch und Myrrhe brachten sie mit.
   Drei Könige kamen ...

3. Der erste sprach: „Ferne im fernsten Land,
   Kind, haben wir deine Zeichen erkannt."

4. Der zweite sprach: „Höher als Sterne stehn,
   Kind, haben wir deinen Stern gesehn."

5. Der dritte sprach: „Weit wie die Sonne fährt,
   Kind, haben wir deinen Namen gehört."

6. „Und mögen wir Weise und Könige sein,
   die Kron' aller Kronen trägst du doch allein."

Text: Friedrich Hoffmann, Melodie: Hans Rudolf Siemoneit. Aus: Gerd Watkinson, 111 neue Kinderlieder zur Bibel, Verlag Ernst Kaufmann, Lahr und Christophorus-Verlag, Freiburg. Rechte bei den Autoren.

Ihr Kinderlein, kommet

Ihr Kin - der - lein, kom - met, o kom - met doch
zur Krip - pe her kom - met in Beth - le - hems

all,
Stall und seht, was in die - ser hoch - hei - li - gen

Nacht der Va - ter im Him - mel für Freu - de uns macht!

2. O seht in der Krippe im nächtlichen Stall,
   seht hier bei des Lichtleins hellglänzendem Strahl
   in reinlichen Windeln das himmlische Kind,
   viel schöner und holder, als Engel es sind.

3. Da liegt es, das Kindlein, auf Heu und auf Stroh,
   Maria und Joseph betrachten es froh;
   die redlichen Hirten knien betend davor,
   hoch oben schwebt jubelnd der Engelein Chor.

4. O beugt wie die Hirten anbetend die Knie,
   erhebet die Händchen und danket wie sie;
   stimmt freudig, ihr Kinder, — wer wollt sich nicht freun? —
   stimmt freudig zum Jubel der Engel mit ein!

5. O betet: du liebes, du göttliches Kind,
   was leidest du alles für unsere Sünd!
   Ach hier in der Krippe schon Armut und Not,
   am Kreuze dort gar noch den bitteren Tod!

Johann Abraham Peter Schulz 1795, Geistlich Gütersloh 1832, Christoph von Schmid 1811.

Ich lobe meinen Gott

2. Ich lobe meinen Gott, der mir den neuen Weg weist, damit ich handle.
   Ich lobe meinen Gott, der mir mein Schweigen bricht, damit ich rede.
   Ehre sei Gott auf der Erde ...

3. Ich lobe meinen Gott, der meine Tränen trocknet, daß ich lache.
   Ich lobe meinen Gott, der meine Angst vertreibt, damit ich atme.

Text: H. J. Netz, Melodie: C. Lehmann. Aus: Exodus, 1979. Alle Rechte im tvd-Verlag GmbH, Düsseldorf.

Zwei Bäume im Wald

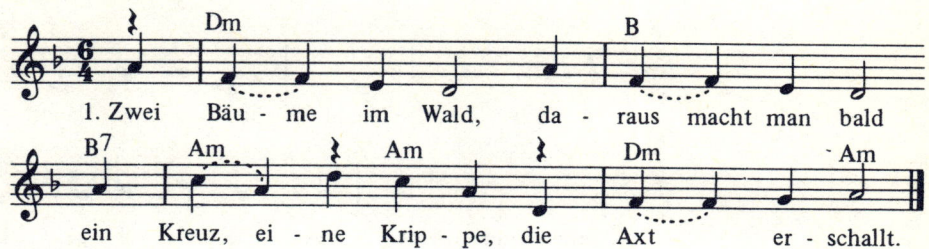

2. Aus Brettern gefügt, die Krippe, drin liegt
   der Heiland, der aller Verheißung genügt.

3. Am hölzernen Pfahl, durchbohrt vom Stahl,
   der, den Gott wählte, in Todesqual.

4. Schau an und merk, das Kreuz auf dem Berg,
   das Kind in der Krippe: Gott selbst ist am Werk.

Text: Friedrich Hoffmann, Melodie: Gerd Watkinson, 1971. Aus: Gerd Watkinson, 9 x 11 neue Kinderlieder, Verlag Ernst Kaufmann, Lahr und Christophorus-Verlag, Freiburg.

Stille Nacht, heilge Nacht

Stil - le Nacht, heil - ge Nacht! Al - les schläft,
ein - sam wacht nur das hei - li - ge El - tern - paar,
das im Stal - le zu Beth - le - hem war, bei dem himm - li - schen
Kind, bei dem himm - li - schen Kind.

2. Stille Nacht, heilge Nacht! Hirten erst kundgemacht;
   durch der Engel Halleluja tönt es laut von fern und nah:
   Christ, der Retter, ist da! Christ, der Retter, ist da!

3. Stille Nacht, heilge Nacht! Gottes Sohn, o wie lacht
   Lieb aus deinem göttlichen Mund, da uns schlägt die rettende Stund,
   Christ, in deiner Geburt! Christ, in deiner Geburt!

Franz Gruber 1818, Joseph Mohr 1818.

Freunde, daß der Mandelzweig

1. Freun-de, daß der Man-del-zweig wie-der blüht und treibt,
2. Daß das Le-ben nicht ver-ging, so-viel Blut auch schreit,
4. Freun-de, daß der Man-del-zweig sich in Blü-ten wiegt,

ist das nicht ein Fin-ger-zeig, daß die Lie-be bleibt?
ach-tet die-ses nicht ge-ring in der trüb-sten Zeit.
blei-be uns ein Fin-ger-zeig, wie das Le-ben siegt.

3. Tau-sen-de zer-stampft der Krieg, ei-ne Welt ver-geht.

Doch des Le-bens Blü-ten-sieg leicht im Win-de weht.

Text: S. Ben-Chorin, Melodie: F. Baltruweit. © Dagmar Kaminski Verlag, Hamburg.

Wenn die Engel heut' kämen

2. Die im Finstern noch wohnen, haben Angst vor dem Licht,
   missen doch die Wärme, in ihren Grenzen fest, lieben sie nicht.
   Gebt doch Gott die Ehre ...

3. Steinen die Härte zu nehmen, Kinder leben zu seh'n,
   Frieden heut' zu stiften, das bleibt kein Traum, wenn wir endlich versteh'n:
   Gebt doch Gott die Ehre ...

4. Hirten, in Zäunen gefangen, sicher und doch so bedroht,
   Leben hinter Mauern, ein Licht bricht ein und wärmt Menschen in Not.
   Gebt doch Gott die Ehre ...

5. Engel sind längst getreten mitten in unsere Nacht.
   Hört doch auf die Worte, steht auf und geht, der Tag wächst aus der Nacht.
   Gebt doch Gott die Ehre ...

Text und Melodie: G. Engelsberger

Geht, ruft es von den Bergen

2. Wollt ihr das Kindlein finden, so geht nach Bethlehem.
Arm liegt es in der Krippe und ist doch Christ, der Herr.

3. Ehr' sei Gott in der Höhe, den Menschen allen Fried'.
So sangen es die Engel. Drum sagt es aller Welt:

Text: Kehrvers Spiritual, Strophen Gerhard Rosewich, Melodie: Spiritual.
Aus: Singt mit – spielt mit 2, Verlag Ernst Kaufmann, Lahr und Kösel-Verlag, München.

We shall overcome

1. We shall o - ver - come, we shall o - ver - come, we shall o - ver - come some day _____. Oh deep in my heart (I know that) I do be - lieve: we shall o - ver - come some day.

2. We'll walk hand in hand (3 x) ... some day.
   Oh, deep in my heart I do believe that we shall overcome some day.

3. We are not afraid (3 x) ... today.
   Oh, deep in my heart ...

4. We shall live in peace (3 x) ... some day.
   Oh, deep in my heart ...

5. Truth will make us free (3 x) ... some day.
   Oh, deep in my heart ...

6. We shall brothers be (3 x) ... some day.
   Oh, deep in my heart ...

7. Black and white together (3 x) ... some day.
   Oh, deep in my heart ...

Text: Guy Carawan, Pete Seeger, Melodie: Zilphia Horton, Frank Hamilton.
© by Ludlow Music Inc. Für Deutschland, Österreich und die Schweiz: Essex Musikvertrieb GmbH, Köln.

Bibelstellenregister

Literaturempfehlungen

Deßecker, R./Schupp, R. (Hrsg.), . . . denn euch ist heute der Heiland geboren. Besinnliche Geschichten, Lieder, Verse zum Vorlesen und Singen für Kinder, die sich auf Weihnachten freuen, Verlag Ernst Kaufmann, Lahr 1987

Erk, W. (Hrsg.), Weihnachtsveranstaltungen, J. F. Steinkopf Verlag, Stuttgart 1977

Frank, E. (Hrsg.), In der Weihnachtsstadt. Advents- und Weihnachtserzählungen, Agentur des Rauhen Hauses, Hamburg 1977

Hoffmann-Herreros, J. (Hrsg.), Weihnachtsgeschichten, Topos-Taschenbücher Band 42, Matthias-Grünewald-Verlag, Mainz 1975

Hildebrandt, J. (Hrsg.), Zur Winterzeit der Welt. Weihnacht in europäischen Ländern, Verlag Ernst Kaufmann, Lahr 1986

Kaiser, H. (Hrsg.), Erzählbuch zur Weihnachtszeit. Für Gemeinde, Familie, Schule, Verlag Ernst Kaufmann, Lahr und Christophorus Verlag, Freiburg 1986

Koerver, J. Die Geschichten von Herrn J. und andere die (so) nicht in der Bibel stehen, veröffentlicht durch: Rheinischer Verband für Kindergottesdienst, Hilden 1985

Munzel, F. (Hrsg.), Geschichtenbuch Religion. Zum Vorlesen in der Sekundarstufe I, Verlag Ernst Kaufmann, Lahr und Kösel-Verlag, München 1987

Nitschke, H. (Hrsg.), Denk ich an Weihnacht . . . Erinnerungen, Erzählungen, Gedanken, Gedichte, Gütersloher Verlagshaus Gerd Mohn, Gütersloh 1984

Paulsen, G. (Hrsg.), Weihnachtsgeschichten aus Pommern, Husum Druck- und Verlagsgesellschaft, Husum 1981

Reiser, W., Die drei Gaben, Friedrich Reinhardt Verlag, Basel 1981
Robinson, B., Hilfe, die Herdmanns kommen, Verlag Friedrich Oetinger, Hamburg 1974

Schindler, R., Der Weihnachtsclown. Fünf Weihnachtsgeschichten, Blaukreuz-Verlag, Bern und Verlag Ernst Kaufmann, Lahr 1982

Steinwede, D./Ruprecht, S., Vorlesebuch Religion 3. Für Kinder von 5–12, im Gemeinschaftsverlag bei Ernst Kaufmann, Lahr, Vandenhoeck & Ruprecht, Göttingen, Benziger, Zürich und Köln, Theologischer Verlag, Zürich 1976

Timmer, G. (Hrsg.), Es begab sich zu der Zeit. Weihnachtsgeschichten, Gütersloher Verlagshaus Gerd Mohn, Gütersloh 1973, GTB 74

Lucia Hitscherich ist seit sieben Jahren Mitarbeiterin in der Geschäftsstelle für gottesdienstliches Feiern mit Kindern beim Religionspädagogischen Institut der Evangelischen Landeskirche in Baden in Karlsruhe. Durch viele Gespräche mit Mitarbeiterinnen und Mitarbeitern aus Gemeinden und Schulen hat sie einen Überblick über deren Erwartungen und Bedürfnisse. Als Nichttheologin zeichnet vor allem sie für die konkrete, allgemein verständliche Sprache der Weihnachtsspiele verantwortlich.

Pfarrer Gerhard Vicktor ist seit 1983 Beauftragter für gottesdienstliches Feiern mit Kindern. Er arbeitet als Studienleiter beim Religionspädagogischen Institut der Evangelischen Landeskirche in Baden in Karlsruhe. Zuvor Gemeindepfarrer und Pfarrer in der Schule. Schwerpunkte seiner Arbeit sind Fort- und Weiterbildung für haupt- und ehrenamtliche Mitarbeiter und Mitarbeiterinnen und deren Beratung vor Ort. Kreative, spielerische, erzählende und liturgische Bausteine für Gottesdienste aller Generationen werden von ihm regelmäßig innerhalb der Landeskirche als Herausgeber einer Mitarbeiterzeitschrift veröffentlicht.

Weihnachtsbücher und Adventskalender aus dem Verlag Ernst Kaufmann

Vorlese- und Geschichtenbücher

Jörg Hildebrandt
Zur Winterzeit der Welt
Weihnachten in europäischen Ländern.
320 S. mit farbigen Illustr. geb EK 2149
Dieses Buch erzählt aus 22 europäischen Ländern, wie man dort Weihnachten feiert, jeweils in Form eines Feuilletons und einer Geschichte. Aus der UNICEF-Weihnachtskartensammlung wurde dazu ein Motiv eines Künstlers des Landes gestellt.

Heidi Kaiser (Hrsg.)
Erzählbuch zur Weihnachtszeit
Geschichten für Gemeinde, Familie und Schule. 380 S. mit Illustr. geb EK 2150
Kaufmann/Christophorus
118 kommentierte Vorlesetexte zur Verwendung bei Advents- und Weihnachtsfeiern in Schule, Gemeinde und Familie. Ein Großteil der Geschichten von namhaften, aber auch bisher unbekannten Autoren ist unveröffentlicht bzw. weitgehend unbekannt.

Gertrud Mielitz (Hrsg.)
Sei uns willkommen, schöner Stern
Ein Weihnachtsbuch zum Erzählen, Vorlesen und Singen für Familien mit Kindern.
Mit 8 Farbtafeln von Bettina Wölfel.
224 S. geb EK 0070

Regine Schindler
Der Weihnachtsclown
Fünf Weihnachtsgeschichten, illustriert von Käthi Bhend-Zaugg. 96 S. geb EK 2159

Regine Schindler
Auf der Straße nach Weihnachten
Ernste und heitere Kindergeschichten.
Illustr. von Sita Jucker. 112 S. geb EK 0288
Sehr phantasievolle Geschichten, die alle um die Frage nach sinnvollem Feiern und Schenken kreisen.

R. Deßecker, R. Schupp (Hrsg.)
. . . denn euch ist heute der Heiland geboren
256 S. geb. illustr. von Iris Buchholz, EK 2172.
Ein Buch zur Gestaltung besinnlicher Stunden in der Adventszeit mit über 50 Geschichten, Gedichten und Liedern für Kinder zwischen 6 und 12 Jahren.

Bilderbücher

Heide Mayr-Pletschen
Die Weihnachtsgeschichte
28 S. geb. EK 2134
Ein künstlerisch besonders schönes Bilderbuch mit einem auch für kleine Kinder leicht verständlichen Text, der sich ganz an das Weihnachtsevangelium nach Lukas 2 hält.

Regine Schindler
Sankt Nikolaus
24 S. geb EK 2302
Ein Bilderbuch, das in einfacher Sprache und kindgemäßen Bildern mit der Legende des Heiligen Nikolaus vertraut macht. Die Rahmenerzählung, in der ein heutiger kostümierter Nikolaus eine Familie besucht, führt hin zum Verständnis des schenkenden Heiligen, dessen Geschichte Kinder nicht nur am 6. Dezember beschäftigt.

Die Sterndeuter kommen
Die Weihnachtsgeschichte nach Matthäus mit Bildern von Hilde Heyduck-Huth.
24 S. geb EK 0421
Zapor, der kleine Sohn eines Sterndeuters, begleitet seinen Vater und folgt mit der Karawane dem Stern nach Bethlehem.

Bunshu Iguchi
Der Hirtenbub von Bethlehem
Ein Weihnachtsbilderbuch.
24 S. geb EK 0327
Das Buch erzählt die Geschichte des Hirtenjungen, der die Geburt des Heilands der Welt erlebt.

Verteilbüchlein

Alle Kinder gehn zur Krippe
von Dietmar Rost und Joseph Machalke.
32 S., durchgehend farbig illustriert von Heide Mayr-Pletschen geh EK 0803
Diese Weihnachtserzählung mit Bildern für Vier- bis Achtjährige besticht durch ihre Schlichtheit. Die meditative Sprache der bekannten Autoren und die warmen, leuchtenden Bilder der Künstlerin sprechen Kinder und Erwachsene unmittelbar an.

Wer kommt mit nach Bethlehem?
Ein Weihnachtsbilderbuch, zusammengestellt von Barbara Cratzius und Rosemarie Deßecker.
32 S., durchgehend farbig illustriert, geh EK 0805
Ein vielseitiges buntes Verteilbüchlein, mit Liedern, Geschichten, Bildern um die Advents- und Weihnachtszeit.

Wie's damals war in Bethlehem
Die Weihnachtsgeschichte ganz einfach nacherzählt von Renate Schupp, mit farbigen Illustrationen von Antonella Bolliger-Savelli.
12 S., geheftet, EK 2205

Wir freuen uns auf Weihnachten
Zusammengestellt von Renate Schupp.
32 S., durchgehend farbig illustriert mit Papiercollagen von Anne Puchta. EK 0827
Ein Geschenkbüchlein für die Advents- und Weihnachtszeit.

Leporellos

(aufgefaltet 19,5 x 78 cm)
EK 9003 **Christi Geburt**
EK 9004 **Die Weisen aus dem Morgenland**
EK 9015 **Zu Bethlehem geboren**
EK 9031 **Kommet ihr Hirten**
EK 9035 **Heilige Nacht**

Zickzackbüchlein

Kleine farbige Leporello-Bilderbüchlein mit 9 bis 10 Bildseiten aus feinstem Karton; 7 x 9,5 cm (aufgefaltet 77 x 9,5 cm);
EK 6007 **Wir haben seinen Stern gesehen**
EK 6011 **Es begab sich aber zu der Zeit**
EK 6013 **Die Flucht nach Ägypten**
EK 6014 **Die Geburt Christi**
EK 6060 **Zu Bethlehem geboren**
EK 6101 **Die frohe Nachricht**
EK 6142 **Kommet ihr Hirten**
EK 6146 **Weihnachten**
EK 6157 **Inmitten der Nacht**
EK 6158 **Kommt alle zur Krippe**
EK 6188 **Vor Weihnachten**
EK 6189 **Sternsinger**
EK 6193 **Heilige Nacht**
EK 6198 **Wir suchen das Kind**
EK 6199 **Weihnachtsmarkt**
EK 6209 **Der Stern der Weisen**
EK 6228 **Sankt Nikolaus**

Adventskalender zum Vorlesen und Basteln

Adventskalender mit jeweils 24 Geschichten, 24 Bildblättern und einem Poster zum Einkleben der Bilder:

In unserm Haus soll Freude sein
Geschichten von Renate Schupp,
Bilder von Rolf Rettich.
EK 0528

Weihnachtsmarkt in Winkelried
Geschichten von Renate Schupp,
Bilder von Annegert Fuchshuber.
EK 0532

Unsere Stadt braucht viele Lichter
Geschichten von Elfriede Becker,
Bilder von Annegert Fuchshuber.
EK 0526

Kinder sehen dich an
Weihnachtsbesuch in 24 Ländern.
Geschichten von Elfriede Becker,
Bilder von Annegert Fuchshuber.
EK 0525

Die Reise nach Bethlehem
Geschichten von Aurel von Jüchen,
Bilder von Eva-Johanna Rubin.
EK 0520

Wir warten alle
Geschichten aus der Bibel
von Regine Schindler,
Bilder von Hilde Heyduck-Huth.
EK 0533

Sternen-Adventskalender
Geschichten von Rolf Krenzer,
Bilder von Renate Baars.
EK 0534

Die Sternsinger kommen
Geschichten von Mechtild Theiss,
Bilder von Heide Mayr-Pletschen.
EK 0542

Weihnachten in aller Welt
Geschichten von Ruth Dirx und
Rena Sack,
Bilder von Sabine Herrmann-Ikram.
EK 0540

Auf dem Hirtenfeld
Geschichten von Rolf Krenzer,
Bilder von Eleonore Schmid.
EK 0543

Wir suchen den Stern
Geschichten von Rena Sack,
Bilder von Sabine Herrmann-Ikram.
EK 0547
24 Sach- u. Erlebnisgeschichten zum Thema „Sternenhimmel" mit 24 Sterngedichten, 24 Bastelanleitungen und 24 Sternbildern zum Ausschneiden.

Freut euch, das Christkind kommt bald
Geschichten von Renate Schupp,
Bilder von Muki Jacob. EK 0546
24 einfache Geschichten von zwei Kindern, die mit ihrer Großmutter eine überraschungsreiche Adventszeit erleben.

Ein Adventskalender zum Basteln einer Weihnachtskrippe:

Der Weg zur Krippe
Geschichten von Friedrich Hoffmann,
Bilder von Reinhard Herrmann.
EK 0517

Ein Adventskalender zum Basteln eines Guckkastens mit Kulissen:

Der weite Weg nach Bethlehem
Ein Guckkasten-Adventskalender.
Geschichten und Bilder von Annegert Fuchshuber.
Block mit 32 Blatt, dazu eine starke Pappe zum Aufkleben der Kulissen.
EK 0535

Weihnachten kommt
Geschichten von Herbert A. Gornik,
Bilder von Lilo Fromm.
EK 0548

Zur Krippe her kommet
Geschichten von Mechtild Theiss,
Bilder von Heike Gierschner.
EK 0549

Verlag Ernst Kaufmann
Alleestraße 2 · 7630 Lahr